新 銀行交渉術

資金ニーズの見つけ方と対話

資金調達コンサルタント・中小企業診断士
中村 中 著

ビジネス教育出版社

はじめに

　2002年11月に、私は『銀行交渉術』（TKC出版）を上梓しました。1999年の金融検査マニュアルの資産査定（自己査定）における企業の債務者区分や信用格付けを、中小企業経営者や税理士・公認会計士また金融機関の融資担当者にわかりやすく解説する書籍でした。この本はベストセラーの片隅を汚し、スコアリング評価による企業審査を定着させることになりました。

　しかし、その後15年が経過し、「担保・保証に依存しない融資」や「事業性評価融資」が広まることになりました。不良債権問題からリーマンショックを経験し、地方の少子高齢化や都市部との格差問題を通過するうちに、中小企業のスコアリング評価は徐々に低下し、従来の金融機関の与信管理の基準では、担保・保証に依存しなければならない企業が大半になってしまいました。中小企業の赤字比率は70％を超え、中小企業の経営者の高齢化も急速に進んでしまいましたので、スコアリング評価は低下し、企業の信用状況にウェイトを置く融資審査では、融資の増加は見込めなくなってしまいました。

　そこで、企業が行っている個々の事業に注目し、その事業の内容と将来の成長可能性が見込める先には融資を積極的に行う「事業性評価融資」などが、金融庁によって推奨されるようになりました。しかし、この融資は、必ずしも順調に残高を伸ばすことはありませんでした。15年間続けた金融検査マニュアルによる企業審査重視の文化が、金融機関の融資現場に定着してしまい、なかなかその文化から脱却できない実態がありました。金融庁も、その文化の根底にある金融検査マニュアルを廃止することになり、事業面重視の中小企業の融資審査に誘導していましたが、融資現場には文化大革命は起こりませんでした。私も、『ローカルベンチマーク』『事業性評価融資』『事業性評価・ローカルベンチマーク活用事例集』（すべてビジネス教育出版社刊）を上梓しましたが、事業重視の審査への文化大革命は起きませんでした。

その時に、ビジネス教育出版社の酒井社長から、できれば、「資金ニーズの見つけ方」の本を書いてくださいと言われました。傲慢に聞こえるかもしれませんが、本を書くことにそれほどの抵抗を感じていなかった私でしたが、残念ながら、「資金ニーズの見つけ方」には具体的なイメージが湧きませんでした。「人は欲の塊」であるはずであり、「資金ニーズ」はいつも持っているもの、あえて「見つける」ものではないと思うと、私は戸惑いを覚えました。深呼吸をしてもう一度、酒井社長の顔を見ました。眼光鋭く、しかも真顔でした。その瞬間、これこそ、今の中小企業業界、地域金融機関、企業に寄り添う税理士などの専門家の本当の課題ではないかとの思いが頭をよぎりました。先進国で成熟社会に入ってしまった日本には、もはや顕在化した「資金ニーズ」が見えなくなっており、私が銀行で貸出担当をしていたバブル崩壊前の状況とは異なっていることに気付きました。当然ながら、その「資金ニーズ」が健全なものか否かということを話し合う「対話」の場も、金融機関と企業の間にはなくなっていることが見えてきました。

　中小企業は、かつてのように、試行錯誤を重ねながら大企業を目指す意欲もなくなり、地域住民との共生の楽しみを求めることも薄れてきています。地域金融機関は、ドラマ「半沢直樹」や「陸王」に出てきた一部の銀行員のような気概もなくなっています。一部の税理士は税務署への決算書の配達人のような存在になり、その他の税理士も「正しい税務・財務」に固執はするものの、企業の成長支援に汗をかき、情報開示の支援者で運命共同体の戦友意識も低下しているようです。これでは、「資金ニーズの見つけ方」の次に頭をよぎる「資金ニーズの実現」すなわち「求めよ、さらば与えられん」という言葉の実効性がなくなってしまうという危機感を感じました。

　そこで、金融検査マニュアル廃止後については、「資金ニーズの見つけ方」を真剣に検討して、企業審査から事業審査にパラダイムシフトを起こすことの重要性に気付かされました。とは言うものの、私は、金融検査マ

ニュアルの信奉者であり、スコアリングシートの普及者で、また格付けに
よる企業審査の伝道師のように思われています。そこで、本書については、
2002 ～ 2003年に上梓した『銀行交渉術』や『格付けアップ作戦』のよう
に、対話調で統一し、読者の皆様には、抵抗なく、この企業審査から事業
審査へのパラダイムシフトを体感していただくことにしました。そこで、
本書は名実ともに、「新 銀行交渉術－資金ニーズの見つけ方と対話」とし
ました。

　高等学校の同窓会で会った仲間が、「資金ニーズの見つけ方」「資金使途
を切り口にした金融知識や情報」の勉強会を続け、その参加者の中小企業
経営者が取引銀行に交渉・対話に出かけるというストーリーです。勉強会
の参加者は、元銀行員の先輩とベテランの税理士、また、6つの業種の中
小企業の経営者で、その質疑の内容は、それぞれの業種（メーカー、卸、
旅館、建設、飲食、運輸倉庫）について、かなり深掘りしたものになって
います。

　できれば、気楽に通読し、再度精読することをご提案します。金融機関
の融資担当者は取引先と、そして、中小企業経営者や税理士・公認会計士
の先生方は金融機関の支店長や融資課長また融資担当者と、実際に対話や
交渉を行うことをお勧めします。

　2018年4月

中村　中

目　次

I　中小企業経営者が金融機関の本音を聞く
── 同窓会会場にて

1　金融機関への情報開示の重要性 ………………………………………… 10

2　金融機関からの融資は情報開示資料の提出だけでは
受けられない ………………………………………………………………… 17

3　融資申込時には、「金額・使途・返済期日・方法」を
丁寧に説明することが必須 ……………………………………………… 24

4　融資の資金使途の重要性と捉え方 ………………………………… 27

II　資金ニーズの見つけ方
── 資金使途勉強会

1　仕入資金融資 ………………………………………………………………… 32

2　賞与資金融資・短期融資 ……………………………………………… 46

3　設備資金融資 ………………………………………………………………… 57

4　長期運転資金融資 ………………………………………………………… 69

5　短期継続融資と資本性借入金（エクイティ・ファイナンス）……… 95

　　5－1　短期継続融資 ……………………………………………………… 96

　　5－2　資本性借入金 ……………………………………………………… 105

6 ABL 融資・資産融資（アセット・ファイナンス） ────── 126

6－1　ABL 融資 ──────────────────────────────── 126

6－2　資産融資（資産売却つなぎ融資） ─────────────────── 130

III　金融機関との交渉・対話

1　融資案件に結びつく非財務情報 ─────────────────── 136

2　金融機関融資担当者との交渉 ────────────────────── 154

1　飲食業：長期運転資金融資 ──────────────────────── 154

2　建設業：短期継続融資 ───────────────────────── 161

3　旅館業：設備資金融資 ───────────────────────── 166

4　運送・倉庫業：事業性評価融資 ───────────────────── 173

5　卸売業：ABL 融資 ─────────────────────────── 183

6　製造業：設備資金融資 ───────────────────────── 187

3　金融機関訪問後の情報交換 ────────────────────── 191

1）RESAS などのビッグデータの重要性 ──────────────────── 191

2）金融機関内部の融資担当者に対する稟議制度のプレッシャー ────── 192

3）債務者企業は、業界の新情報について、RESAS や「中小企業等経
　営強化法における事業分野別指針及び基本方針の概要」、業界団体の
　情報により融資担当者に知らせること ─────────────────── 194

4）金融機関が行う今後のコンサルティング ────────────────── 195

5）ESG 投資基準は金融機関の非財務情報の目線になるか?! ───────── 200

6）資金ニーズの見つけ方こそ金融機関との対話の原点 ───────────── 203

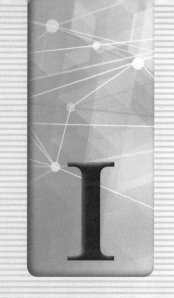

中小企業経営者が金融機関の本音を聞く

―― 同窓会会場にて

高校卒業後30年目の同窓会で、元テニス部の５人が出会い、旧交を温めました。自由奔放にいろいろなことを言い合った昔の関係が、徐々に戻ってきました。

　山田茂は、高校卒業後地元の大学に進み、卒業後に３年間東京のホテルで修業をし、父の経営する旅館に戻り、10年前より社長になり、目下、当地の老舗旅館の若旦那です。

　佐藤博は、高校卒業後東京の私立大学に進み、卒業後中堅食品商社に入り、サラリーマン双六を順調に駆け上がりましたが、副部長まで出世した20年目に、上司の部長と意見の違いがあって、その会社を飛び出しました。その時、取引先の中堅二次卸問屋のオーナー社長に見込まれ、その会社の役員になり、数年後には社長に就任することになりました。その後７年間、紆余曲折はありましたが、会社は順調に成長し、現在では社長を引き継いだ時点の２倍の社員を抱える会社に成長させ、60人の正社員を抱える食品問屋になっています。

　金子明は、高校卒業後大阪の国立大学の工学部に進み、大学院で修士を取ってから、研究機関に進みました。自分の研究テーマを社会で実現させたいということから、後輩２人とともにその研究機関を退職し、35歳でベンチャー企業を設立し、その後15年、順調に企業は発展し、M&Aなどを繰り返して、現在では、150人の従業員を抱える金属熱処理加工企業の社長になっています。

　その３人よりも２年先輩の高橋健は、高校卒業後名古屋の国立大学経済学部に進み、卒業後地元の第一地銀に就職し、順調な出世街道を歩み、２つの支店の支店長や本部審査部の部長まで経験しましたが、目下、その銀行の関連会社であるローン保証会社の役員になっています。

　鈴木進は、高校卒業時に漠然と父親の経営する税理士事務所を引き継ぐことを考え、東京の私立大学の商学部に進みました。大学卒業と同時に公認会計士の試験に合格し、東京の監査法人に就職し、５年後に東京の税理士事務所に転職、さらに５年後に、父親の経営する税理士事務所に戻って

副所長になり、3年前から事務所の所長になっています。

　このような経験の持ち主が、胸襟を開いて話し始めたわけですから、各人の話は終わるわけがありません。当然、二次会に向かうことになり、近所の居酒屋で盛り上がりました。ほとんどのメンバーは、自宅近くのテニスクラブに入って、月1〜2回くらいのテニスプレーヤーになっていますが、多くはゴルフの方に興味が傾いています。しばらく趣味の話をしていくうちに、言いたい放題の昔の関係に戻り、ざっくばらんの意見交換となり、懐かしさよりも現在のストレスの話に移っていくことになりました。

　二次会が始まってから30分も経たないうちに、参加している経営者は銀行OBの高橋先輩に対して、普段ストレスを溜めている銀行交渉の話などについて、銀行の本音を聞きたいという雰囲気になってきました。地元中小企業経営者である山田茂・佐藤博・金子明は、二次会でリラックスしたこともあり、昔は緊張してあまり話もできなかった2年先輩の元銀行員の高橋健と1年先輩で税理士の鈴木進に対して、多くの質問を投げ掛け、活発な情報交換が始まることになりました。

高橋健	地元第一地銀で支店の貸付課長・副支店長のポストを経験し、支店長を2場所務める。本部では審査部長を2年経験し、目下、銀行のローン保証会社の役員に出向中。
鈴木進	大学卒業時に公認会計士試験に合格し、東京の監査法人と税理士事務所に勤務、15年前から、父親の経営する税理士法人で副所長、3年前から所長になり、コンサルティング業務にも注力中。
山田茂	大学卒業後、東京のホテルで修業し、父親の経営する旅館業を引き継ぎ、10年前より社長。
佐藤博	中堅商社の副部長を40歳で退職、取引先の中堅二次卸問屋に役員で入り、3年後には社長になり、順調にその会社を発展させている。
金子明	大学の研究室から35歳で後輩2人と起業し、現在では、150人の従業員を抱える金属熱処理加工企業の社長になっている。

1 金融機関への 情報開示の重要性

二次会の居酒屋では、次のような会話から話がはじまりました。

山田 私どもの同期３人は地元の商工会議所で時々会って、情報交換をしていますが、その時、高橋先輩や鈴木先輩の噂話を良くしているのですよ。我々、中小企業については、どうしても「井の中の蛙」で、銀行交渉や税金問題についてわからないことが多く、機会があれば、いろいろご意見を伺いたいと思っていたのです。

佐藤 山田君の言う通りです。我々、中小企業は、どうしても資金面では苦労することが多いし、特に銀行交渉では、不安が多いのですよね。

金子 その通りです。銀行さんは、担当者とやっと親しくなる頃には、すぐに転勤され、支店長ともなかなかお会いできません。また、自分たちでは、銀行の内部でいかに使うのか、その使い方もわからないような、手間のかかる多くの資料の提出を求めるのですよね。融資の実行や条件変更は、「本部に相談しなければ、結論は出せない」とばかり言われて、その結論は、なかなか出してもらえない感じですよね。

鈴木 そうですね。私ども税理士事務所には、顧問先・関与先企業から、金融機関への情報開示資料の作成支援を依頼されることが随分あります。時には、金融機関の融資申込みに貸出窓口に同行してくださいと言われることもありますね。その時も、金融機関の融資担当者は、歯切れがよくありません。取引先に対してあまり突っ込んだ質問もしませんし、提出資料についても作成方法を明確に指示してくれませんね。経営者とともに決算説明に行っても、決算書の内容について意見を述べる担当者は、本当に少なくなっていますね。

山田 確かに、最近の担当者は、企業経営への突っ込みが少ないようですね。すぐに、保証協会保証付融資を勧めますし、その申込用紙を機械的

に手渡されることが多くなっています。高橋先輩、最近の銀行には、何か大きな変化があったのですか。支店長経験の長い先輩ならば、いろいろ教えていただけると思っていますが……。

高橋 鈴木君や山田君の言うことは、支店長経験者として、必ずしも否定はできないですね。私も、融資担当者から貸付課長、副支店長、支店長というポストを経験してきましたが、君たちの言うことは確かかもしれないよね。バブル崩壊後、不良債権問題の解決のために、一般に、支店長の裁量権限は絞り込まれ、本部にその権限をシフトするようになりました。取引先の格付け・債務者区分が、破綻懸念先などに落ち込むことになれば、その企業は多くの金融機関では、本部管理になっているのだよね。支店の融資担当者は、企業業績が低下すると本部管理になるので、企業を一気通貫では見ていないようだね。企業の業績アップ手法や再生手法のアドバイスは、実際には、あまり支店融資担当者はやらなくなっているかもしれないね。また、融資担当者の業務内容は、投資信託や保険販売などにまで拡大し、金融機関の合併や支店の統廃合で担当企業数も大きく増えていることもあって、このことが、それぞれの企業に対する融資担当者の突っ込みが不足する原因になっているかもしれないね。

佐藤 実際、銀行の融資担当者は、昔のように企業訪問することもなく、来社したとしても、経営者や財務担当と話すのが精々のようですね。昔は、倉庫や販売現場のチェックをしましたが、最近は、社内の営業担当者や商品開発担当者とも情報交換をしていませんね。

金子 当社はメーカーですが、工場見学も製品チェックも、またその工場の担当者へのヒアリングもしていません。むしろ、税理士事務所の事務担当者の方が、税務申告書の付属明細に沿って突っ込んだヒアリングをしてくれますね。

高橋 皆さんは最近の銀行に対して、なかなか手厳しいね。しかし、金融機関も、企業が行っている事業の内容や将来の成長可能性をよく見て評価し、融資に結びつけようという「事業性評価融資」を積極的に推進す

ることになっていますよ。金融機関の融資プロセスは、次ページのように企業審査、事業審査、担保・保証チェックとエリア審査の工程ですが、そのうち、従来は網掛け部分を評価していませんでしたが、この事業性評価融資はここを評価して融資を行おうというものですね。

　ところで、皆様も、銀行に対して、しっかりした情報開示資料の提出をされていますか。付属明細付の税務申告の決算書や、経営改善計画書また最近では、ローカルベンチマーク・ツールなどは銀行に届けていますか。「事業性評価融資」は、事業の内容や将来の成長可能性を見極めて融資をすることであり、その審査プロセスを含めた事業性評価融資は、以下の通りです（次ページ）。

鈴木　先輩にお聞きしたいのですが、最近われわれ税理士事務所に、企業からそのような情報開示資料の作成支援の依頼が多いのですが、もともと、中小企業に対しては、金融機関は「親密な関係を続けながら時間をかけて徐々に企業情報を集めて融資を行う」というリレーションシップバンキング（リレバン・地域密着型金融）のビジネスモデルを励行していたのではないですか？

高橋　その通りですが、……でもね、多くの中小企業は、すでにAI化・IT化・IoT化、ICT化が進んでおり、情報化・グローバル化が常識になっていますよね。「親密な関係を続けながら時間をかけて徐々に企業情報を集めて融資を行う」というリレバンは、今では、内部管理や組織化が進んでいない零細企業に限ると言われていますね。中小企業庁は経営改善計画のサンプルや用紙をホームページ（HP）に示し、経済産業省はローカルベンチマークの自動作成ツールをそのHPに開示しています。情報開示は、今や中小企業と言えども、一般的になっているようだね。

山田　なるほど、中小企業に対する金融機関の情報開示資料の提出要請は、随分レベルアップしているのですね。我々としては、多少、戸惑いますが……。

鈴木　税理士としては、すでに全国で約2万5千人以上が認定経営革新等

12

金融機関の審査プロセス

●第1プロセス

企業審査	第1行程	定量分析（財務分析）チェック＝自己資本比率・債務償還年数など
	第2行程	定性分析（金融検査マニュアル別冊）チェック＝営業力・販売力など

●第2プロセス

		資金使途チェック
事業審査	短期マネーフロー（主に「資金繰り実績・予想表」でチェック）	1）仕入・在庫・販売 2）賞与・決算 3）正常なる運転資金
	長期マネーフロー（主に「資金運用調達表」でチェック）	1）設備 2）長期運転資金 3）貸出構成修正 4）事業再生 5）経営改善支援
	資本的資金充当貸出（含、ファンド等）	1）創業（成長） 2）業種転換 3）自己株式購入 4）M&A 5）事業承継

第1プロセス第2プロセスの審査でリスクが大きい時

担保・保証チェック

コベナンツ（財務制限条項）

流動資産担保（ABL等）

従来型固定資産担保（不動産・株式等、含定期預金）

●第3プロセス（企業審査・事業審査不可の場合）

	大分類	小分類
エリア審査	ステークホルダーへの貢献度	消費者（顧客）
		仕入先
		得意先
		従業員
		株主
		債権者
		地域住民
		行政機関
		その他（　　　）
	地域貢献への当社の意欲	経営者等役員
		従業員
		その他（　　　）
	地域・地元での当社への評価	税理士・会計士
		商工会議所・商工会
		学・官
		その他（　　　）

支援機関（認定支援機関）に登録し、経営改善計画策定支援などを行っています。税理士にご相談されれば、情報開示支援は、積極的にバックアップしてくれると思いますよ。

佐藤　そうですね。私どもの顧問税理士の先生は、資金繰り表も、試算表も、最近では経営改善計画のフォローも含め「モニタリング情報サービス」という情報開示資料も作成支援してくれます。もちろん、手数料はかかりますが、おかげで金融機関との交渉時間も少なくなり、社長として営業活動時間が取れるようになりますから、有難い面もありますね。また、自社の実態もその資料作成時に明確になりますから、当社は税理士先生に積極的に情報開示資料の作成支援を頼んでいます。

金子　そうですか。私どもは、社内で情報開示資料を作成する人材がいませんから、私自身が作成しています。融資担当者には、いろいろ注文を付けられますし、しばらくすると、本部から追加資料を要求されることもあるし、その上に、他行さんにも貸出支援をお願いしてくださいなどと、言われるのです。本当に、ストレスが溜まってしまいますよ。これからは、税理士さんとよく相談することにしたいですね。

高橋　金子さんは、かなり大きな金額の融資を銀行に依頼したのではないですか。「しばらくすると、本部から追加資料を要求される」とのことですが、これは、支店長の決定権限を越える金額の融資ということですよね。その支店長の裁量限度を越える金額は、「他行さんにも支援をお願いしてください」ということではないかと思います。融資案件が、自分の上司の支店長の裁量権限を越える場合は、本部の上司や他行の審査部などのチェックを受けることになりますから、提出する情報開示資料の精度は一般的に高まりますね。企業としても、このような金融機関の事情を配慮する必要もありますね。とにかく、最近では、金融機関も企業に対して情報開示の資料の提出を強く求めるようになり、さらには、その資料の精度の高さも要求されますね。

経営改善計画書のサンプル【原則版】

《 債務者概況表》

認定支援機関作成支援⇒社長検証

① 対象先・概要

事業者	甲株式会社						
連絡先	●●●－●●●－●●●●		住所	××県△△市●●			
業種	製造業		設立年月日	昭和52年1月25日	年商	322	百万円
事業内容	自動車部品		代表者	●●	年齢	60	歳
資本金	10百万円	従業員数 25名	金融機関	① A銀行	② B銀行	③ C信金	④ ⑤

事業内容・沿革

昭和52年1月　××県△△市にて創業
平成23年12月　××県△△市に新工場取得

株主構成

名前	株数	関係
●●	3,500	社長
●●	1,200	長女
●●	300	長男
計	5,000	

役員構成

名前	役職
●●	代取
●●	取締役
●●	取締役

④ 銀行取引状況

金融機関名	22年9月期（実績）	シェア	23年9月期（実績）	シェア	24年9月期（実績）	シェア
A銀行	195	81.1%	192	80.9%	274	76.0%
B銀行	45	18.9%	45	19.1%	39	10.8%
C信金	0	0.0%	0	0.0%	48	13.2%
合計	240	100.0%	238	100.0%	361	100.0%

② 財務内容及び問題点

平成24年9月期　　単位：百万円

資産の部	決算	修正	実質	負債の部	決算	修正	実質
現預金	39		39	支払債務	5		5
売上債権	19	▲1	18	短期借入金	21		21
棚卸資産	1		1	その他	28		28
その他	10		10	流動負債計	53	0	53
流動資産計	69	▲1	68	長期借入金	340		340
土地	118	▲7	111	その他	3		3
建物（附属含）	118	▲7	111				0
その他	48		48				0
有形固定資産	284	▲14	270	固定負債計	344	0	344
無形固定資産	0	0	0	負債合計	397	0	397
会員権	0		0	資本の部	決算	修正	実質
投資有価証券	1		1	資本金	10		10
その他	71	▲2	70	その他	18	▲16	2
投資等	72	▲2	70				0
固定資産計	356	▲15	341	自己資本	28	▲16	12
資産合計	425	▲16	409	負債・資本合計	425	▲16	409

主要項目コメント及び問題点

【資産査定】
滞留売掛金▲1、旧工場の含み損▲14、保険積立金の含み損▲2

【財務上の問題点】
平成23年9月に約弁正常化も足元の資金繰り厳しい。

⑤ 現状と認識課題

・平成24年3月の尖閣諸島問題に端を発する中国での日本車不買運動により、受注が大幅に減少。
・営業体制強化による売上拡大が課題。
・平成24年9月期に17名の人員削減を実施済みであるが、更なる経費削減が課題。
・旧工場について可能な限り早期に処分し担保権者に弁済することが課題。

③ 業績推移等

（単位：千円）	22年9月期（実績）	23年9月期（実績）	24年9月期（実績）	25年9月期（見込）
売上高	222	350	322	138
営業利益	21	39	▲27	▲35
経常利益	35	45	▲23	▲26
当期利益	35	33	▲23	▲26
減価償却	14	28	37	28
決算上自己資本	19	52	28	2
修正			▲16	▲16
実質自己資本			12	▲14
中小企業特性			5	5
特性反映後実質自己資本			17	▲9
金融機関からの借入金	240	238	361	340

【分析結果】
平成24年3月の尖閣諸島問題に端を発する中国での日本車不買運動による受注減で赤字傾向となり、平成25年9月期には実質債務超過となる見込。

収益弁済原資	14 百万円	
債務超過解消年数	5 年	（中小企業特性反映後ベース）
債務償還年数	26 年	（借入金361÷収益弁済原資14＝26年）

⑥ 経営改善計画策定方針

・営業体制強化による売上高の拡大
・経費削減（役員報酬、人件費、消耗品費等）
・旧工場の処分

ローカルベンチマークの内容

● 地域の経済・産業の視点と個別企業の経営力評価の視点の2つから構成される。

ローカルベンチマーク

第一段階

地域の経済・産業の現状と見通しの把握

把握すべき データ(例)	・地域の産業構造 ・雇用状況 ・内外の取引の流れ ・需要構造　　　　　　など

○地域経済・産業の分析
○各企業の地域経済に与える影響等の把握
○重点的に取り組むべき企業の特定

第二段階

個別企業の経営力評価と経営改善に向けた対話

情報収集	財務情報…企業の過去の姿を映すもの 非財務情報…企業の過去から現在までの姿を映し、将来の可能性を評価するもの
ライフステージ と取組方法	創業～成長段階 →担保に頼らず融資 / 中長期的な衰退が見える段階 （黒字ながら先細りが見える、潜在的成長力がありながら苦戦等） →**早めに気づき、対話・支援** / 衰退～再生段階 →再編・廃業支援

2 金融機関からの融資は情報開示資料の提出だけでは受けられない

鈴木 最近、借り手企業が顧問先・関与先の税理士に情報開示の依頼をすると、税理士が使っている情報処理サービス企業から、直接、金融機関の本部に、情報開示資料を送付することになっています。その資料は、①税務申告決算書、②経営計画書、③ローカルベンチマーク・ツール、④試算表、⑤資金繰り表、⑥モニタリング報告書などで、今までは、企業と税理士が時間をかけて作成したものを、経営者自身が金融機関にアポを取って、届けていた大切な資料だったのです。このような効率化が、IoT化・ICT化によって行われている現実を見るだけでも、中小企業の情報開示は容易になり便利になったということで、隔世の感ですね。

山田 確か、私の父が社長のころは、銀行への情報開示は決算書が精々で、税務申告時の付属明細も提出しなかったと聞いています。やはり、情報開示資料の作成には時間がかかり、届けるにも手間がかかったのですよね。しかし、銀行の中小企業に対する貸出の管理が厳しくなり、それだけ多くの情報開示資料の提出を求めるようになったのですかね。

高橋 そうとばかりは、言えないと思いますよ。最近は、金融機関の中小企業への影響力が大きいということよりも、中小企業の内部管理の環境がレベルアップして来たからだと思います。それぞれの中小企業で多少のバラツキがあるのかもしれませんが、経理・財務部門でパソコンを導入していない企業は、ほとんどなくなりましたよね。何人かの従業員を抱えている企業は、大半、税理士さんが顧問に入っており、日常の経理・財務のアドバイスを行い、情報管理資料の作成支援もしてくれているようですね。

また、多くの中小企業は、複数の金融機関から借入れを行っており、自社で責任を持って作成する情報開示資料を提出しなければならなくなっています。同時に、行政機関の補助金・助成金の支援や節税メリット

の享受についても、自主的な情報開示が必要になっていますよね。

佐藤 ということは、中小企業がこのように多くの情報開示資料の提出を するならば、受入先の金融機関も情報処理が進んで、すぐに貸出をOK することができるはずですね。たとえば、これだけの情報開示資料があ れば、格付けや債務者区分で、正常先などであることは容易に判断でき ますから、貸出審査などは、省略できるのではないですか。

金子 その通りですね。今後は、中小企業が情報開示を丁寧に行い、企業 の債務者区分が正常先と認められれば、金融機関としてはそれ以上チェ ックする必要もないと思われますので、すぐに、融資の承認を行ってく れるように思うのですが……。

高橋 確かに、「格付けや債務者区分が落ち込んだ場合は、融資の承認は なかなかできない」という話が中小企業では一般化していますから、「格 付けや債務者区分が正常先になっているならば、自動的に融資の承認が 取れる」と思われるかもしれません。しかし、金融機関の内部審査は、 正常先であっても、自動的に融資ができるというものではありません。 どこの金融機関であろうとも、それだけでは融資の審査の承認はできな いのです。

山田 正常先であるならば、無条件に融資が受けられると思っていました が、その考え方は間違いと言うのですか。……？ だから、金融機関の 審査は、伏魔殿と言われるのですよね。

佐藤 格付けを上げれば、また債務者区分が下がらないようにして、いつ でも金融機関から借入れができる準備をしているのです。赤字を出さな いように、債務超過にならないように、税理士の先生に、減価償却の金 額の調整や、取得不動産の時価評価の見直しを先延ばししてもらったり して、金融機関の格付けや債務者区分の引上げ・維持に努めていました が、それは無駄であったということになるのですか。

鈴木 私ども税理士にとっても、金融機関の中小企業の自己査定・資産査 定が正常先でなければ、金融機関から新規の融資が受けられなくなった

り、既存の融資の毎月返済を増やされると思い込んでいましたが、正常先であろうとも、円滑に借入れができないということですか。正常先に評価されるために、情報開示資料の作成支援を丁寧に行っていたのですが、正常先であろうとも、自由に借入れができないということは、私どもも、認識を変えなければなりませんね。確か、金融機関の融資審査のやり方が、格付重視方針に変わり、「とにかく、格付けをアップしなさい」と言われたと思いますが。

審査要因新旧対比表

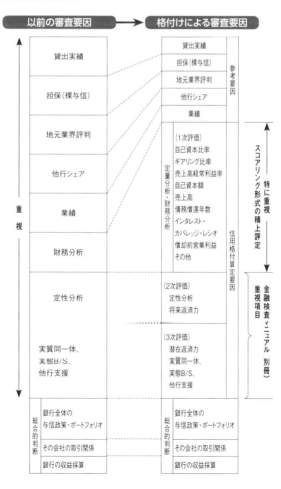

■☞「中小企業格付」の全体像

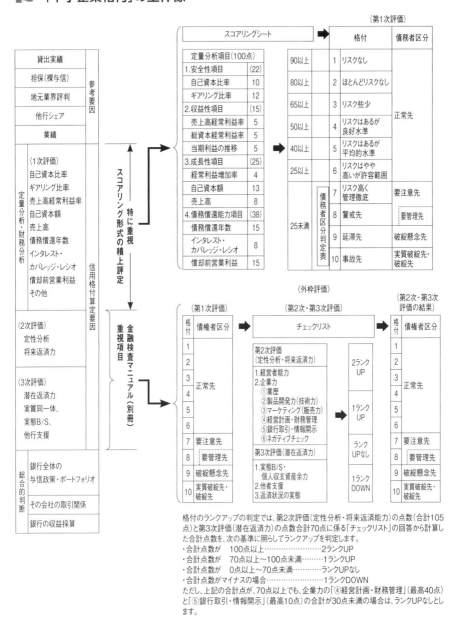

格付のランクアップの判定では、第2次評価(定性分析・将来返済能力)の点数(合計105点)と第3次評価(潜在返済力)の点数合計70点に係る「チェックリスト」の回答から計算した合計点数を、次の基準に照らしてランクアップを判定します。
・合計点数が　　100点以上‥‥‥‥‥‥‥‥‥‥2ランクUP
・合計点数が　　70点以上～100点未満‥‥‥‥1ランクUP
・合計点数が　　0点以上～70点未満‥‥‥‥‥ランクUPなし
・合計点数がマイナスの場合‥‥‥‥‥‥‥‥‥‥1ランクDOWN
ただし、上記の合計点が、70点以上でも、企業力の「④経営計画・財務管理」(最高40点)と「⑤銀行取引・情報開示」(最高10点)の合計が30点未満の場合は、ランクUPなしとします。

高橋 これは困りましたね。税理士の鈴木先生までが、金融機関は中小企業の格付け評価が正常先ならば、すぐに融資ができると思っていたのですか。このことは、金融機関の融資担当者にも責任があると言わざるを得ませんね。実は、金融機関の融資審査には、もう一つ大きなハードルがあるのです。たとえば、年商１億円の建設会社が正常先であろうとも、工事代金５億円の資材購入資金の融資はできると思いますか。これは、借入金額が年商を大きく超えており、常識で考えても難しいことはわかりますよね。また、その建設会社に10年後一括返済の資材購入資金融資をすることは、感覚的に考えても、難しいですよね。３〜５年ならば、その企業のイメージがわかるものの、10年も先までは、その企業の返済能力に確信が持てないということですよね。仮に10年間、その建設工事の代金の入金があったとしても、企業がしっかりしていない場合は、融資返済の請求ができないということになりますね。これでは、銀行は預金者への貸し手責任を放棄することになってしまいますよね。……ここに、銀行の稟議書の用紙サンプルがありますので、ご覧ください（次ページ）。この稟議書を使って、銀行は合議制で、融資の実行や融資条件の変更の意思決定を行っているのです。

　この稟議書は、各金融機関で様式や配列が変わっているとしても、ほぼすべての金融機関で、チェック項目、記入項目は共通になっているのです。融資の審査は、この稟議書の上段の２行を見ていただければわかりますが、これらの項目は借り手企業との合意によって、必ず記入しなければなりません。特に、金融機関の担当者としては、融資金額と（返済）期日、返済方法、資金使途の４つの項目は、この取引先が正常先であろうとも、記入を欠かすことはできません。もちろん、金利も担保も手形貸出・証書貸出と言うようなものも必要ですが、融資の根本としては、やはり、融資金額と期日、返済方法、資金使途の４つの項目です。逆の言い方をするならば、借り手企業は金融機関の担当者に対して、絶対にこの４点は申請し、合意を得なければならない項目と言えるのです。

金融機関内部の稟議書の典型的フォーム・稟議書の表紙

貸出の種類	金額	利率		期日	返済方法	資金使途

担保							

貸出内容	現在残高	利率	毎月返済額	引当	当初金額	期日
①						
②						
③						
④						
合計						
財務内容						
損益状況						
財務比率						

所見

支店長	副支店長	課長	担当	副審査役	審査役	次長	部長	取締役	専務・常務	副頭取	頭取
◯	◯	◯	◯	◯	◯	◯	◯	◯	◯	◯	◯

山田 それは当然の項目ですよね。借入金額や返済期日、返済方法、資金使途を明確にしないで、銀行に借入れに行く企業などはありませんよね。

佐藤 その項目に含まれない金利や担保また貸出の種類は、金融機関の意向を重視するものですので、融資申込みに行くときは、決めていないことはあるかもしれませんが、その他は、借り手としては絶対に、その数値などまで頭の中に決め込んで、金融機関に相談に行きますね。

金子 私は、大学の研究室から独立して起業することになり、銀行に初めて融資申込みに行きましたが、その時でさえ、「いくらの金額を、何に使い、いついかに返すべきか」ということ、すなわち、借入金額や資金使途、返済期日、返済方法を、銀行に説明して、借入れ交渉に行きました。それらの項目は、言わずもがなの項目と思います。

高橋 確かに、これらの項目は、「取引先の資金ニーズ・借入れニーズ」ということで、借り手企業としては当然の項目であると思われるようですが、実際に金融機関の担当者としては、この稟議書に、これらの「借入

金額、資金使途、返済期日、返済方法」を記載する時は、充分に内容を詰めたのちに、記載しなければならないことになっています。申込企業が正常先であろうと、破綻懸念先であろうとも、充分に検討した後でなければ、金融機関の内部の稟議書には記入できない項目ということになっているのです。金融機関からの融資は、これらの項目に記載した内容がきちんとした根拠がなければ、いくら情報開示資料の提出があろうとも、正常先であったとしても、受けられないことになっているのです。

*P*OINT

1 金融機関の内部審査は、正常先であっても自動的に融資ができるわけではない。

2 稟議書に「借入金額、資金使途、返済期日、返済方法」を記載する時は、申込企業が正常先であろうと、破綻懸念先であろうとも、充分に内容を詰めた後に記載しなければならない。

3 融資申込時には、「金額・使途・返済期日・方法」を丁寧に説明することが必須

山田 高橋さんのお話を聞くと、なぜ、当然のことを銀行さんは、そんなに難しく考えるのかわかりませんね。借入金額は、企業が、当面支払いに不足する金額であり、返済期日や返済方法は手元の資金に余裕ができた時で良いように思うのですが……。資金の使途は、どの企業に支払ったかを明らかにすれば、問題はないように思うのですが。

佐藤 その通りですね。返済は、企業の収益が赤字にならなければ、滞ることはないと思います。そのために、決算書や経営計画書を情報開示資料として、銀行に提出しているのですから、それで十分に思いますが。

鈴木 いやいや、山田君や佐藤君の考え方では、返済期日に手元に資金があるか否かが明確になりません。そのために、返済が滞る可能性がありますね。山田君の言うように、支払いが不足した金額を借り入れた場合、その返済がいつ来るのかは、明確になりません。たとえば、仕入資金融資ならば、仕入れた商品が在庫・売掛金を経由して、売上代金として入金があるときが、返済期日になります。賞与資金融資ならば、毎月の賞与引当金の積上げ分の取崩し時が返済期日になります。また、佐藤君のケースならば、企業が赤字になったら、返済はできないということになりますね。それでは、金融機関の融資は、赤字になった場合、いつを返済期日にするのか、どのように元本を減額してもらうのか、わからなくなってしまいます。それでは、自行に預けられた預金を、多くの企業に融資しなければならない金融機関は、資金の回転が止まってしまい、銀行の仲介機能は成り立たなくなってしまいますよね。

高橋 さすが、鈴木君は税理士先生ですから、私ども銀行員の言いたいことをわかりやすく説明してくれますね。銀行は、返済期日と返済方法が明確にならなければ、融資ができないということなのです。お貸しした資金は決まった期日に返済してもらい、その返済を受けた資金をまた貸

し出すという資金の回転が銀行業務の基本です。このことが金融仲介機能と言われているものです。そのために、融資の資金使途を明確にして、返済期日や返済方法を明らかにしてもらうことになっているのです。

金子　なるほど、資金使途が明確になれば、確かに、支払った資金が企業の手元に戻る時期が、一般的には明らかになりますから、返済期日や返済方法の妥当性が明らかになりますよね。仕入資金や賞与資金また設備資金は、借入資金が支払われて、再度自社にいつ頃に戻るかという目途は見えますね。さて、融資金額、担保、金利については、金融機関が独自に決めるもの、または決まっているものですから、我々借り手が口出すことはできないということなのですか。

高橋　そんなことはありませんよ。融資金額については、当面の支払いの不足金額ということではないのです。企業の支払金額は、仕入資金の支払いや賃金・既存融資の返済・借入利息の支払いなど、多くの使い道に対する支払いがありますので、融資については、その資金使途を一つに絞り込まなければ、その借入金額は決まらず、それにリンクする返済期日や返済方法は決まりません。借入金額は、借り入れる資金の使途が明らかになって、返済期日や方法が明らかになって、確定することになるのです。

鈴木　なるほど、そうですね。我々税理士も、顧問先中小企業の社長が主張する借入金額に対しては、金融機関への担保の差入金額や担保の未使用（空き）金額ばかりに目が奪われて、返済金額や返済方法に沿った金額の決め方を真正面から考えていませんでしたね。さらには、仕入資金の融資申込金額については、何本もの仕入代金の支払いがある場合は、どこの仕入先・買掛先への支払いか、どの材料費用の支払いかを明確にして、それらに関する売上入金の予定を固めて、返済期日と返済方法を見通して、借入金額の決定を行わなければならないということですね。

山田　金融機関への融資申込金額も、よく考えなければならないということですね。しかし、担保については、自社に不動産や株式・預金などの

（固定）資産がなければ、交渉の舞台にも上がれませんね。もし、担保があるならば、金融機関の差入要求に従わないで抵抗することは、ほとんどできませんよね。

高橋　ただし、今は、「金融機関は担保・保証に依存しない融資をすること」になっていますので、最近は、それほど、強い担保・保証の差入要請はないと思います。しかし、全くなくなったわけではありませんので、もし、担保差入れを要求された場合は、複数行取引中であるならば、他行とのバランスに注意する必要があります。同時に、適用金利についても、他行とのバランスに気を付けなければなりません。このバランスが乱れますと、各行の支援姿勢にバラツキが生じるかもしれません。担保、金利にも、十分に注意することが大切です。融資の審査は、この稟議書の上段の2行である「金額・使途・返済期日・方法」、それに「貸出の種類、金利、担保」には十分に配慮しなければならないということです。

*P*OINT

1 銀行は、返済期日と返済方法が明確にならなければ融資できない。

2 担保差入れを要求された場合や金利変更の場合は、複数行取引中であれば、他行とのバランスに注意する必要がある。

4 融資の資金使途の重要性と捉え方

鈴木 今後、中小企業が金融機関に融資申込みをする時は、情報開示資料の提供だけでは、十分ではないことがわかりました。ピカピカの正常先であろうとも、手元に多く資産を持った企業であろうとも、融資金額と返済期日・方法また資金使途について、突っ込んだ説明や資料の提出が必要であることはわかりました。我々税理士は、情報開示資料として、「①税務申告決算書、②経営計画書、③ローカルベンチマーク・ツール、④試算表、⑤資金繰り表、⑥モニタリング報告書」などの作成支援は、いろいろと勉強する機会がありますから、できると思います。また、税理士の親しい情報処理サービス企業は、すでに、これらの資料は契約先である税理士の依頼によって、自動作成することもできます。そこで、具体的な融資金額や返済期日・方法また資金使途について、もう少し勉強しなければならないと思います。

山田 その通りですね。私ども、中小企業経営者にとっても、金融機関が行内で使っている稟議書における「融資金額や返済期日・方法また資金使途」について、理解が浅かったと思います。すなわち、融資ニーズの捉え方について、もう少し深く勉強しなければならなかったと反省しています。

佐藤 私も、金融機関に対して「雨が降ったら傘を取り上げ、晴れたら傘を貸す」と批判していましたが、金融機関に対する情報開示努力が少なかったことは率直に反省しています。特に、中小企業経営者自身しかわからないような「融資金額やその使途また返済期日・方法」などについて、あまりよく考えていなかったと思います。

金子 最近は、保証協会保証付融資や各金融機関の定型ローンばかりに頼った借入れをしていました。それらの融資は、たとえば、3年以内の毎月返済付であったり、5年以内の毎月返済付であるために、毎月いくら

返済すればよいのかばかり考えて、融資申込金額とその後の自社のキャッシュフローの関係について、正直申し上げて、あまり考えていませんでした。融資に関して、無理のない返済やその期日などについて検討することを、ほとんど行わなかったとも思いました。そのためか、保証協会保証付融資やローンは、融資実行を受けたものの、資金使途と返済方法が適切でなかったために、1～2年返済を続けると、手元資金が苦しくなり、金融機関に再度、資金充当のために、新規融資に走らなければならなかったように思われます。

鈴木　税理士としても、中小企業の情報開示資料の作成支援は積極的に行ってきたものの、具体的な融資については、よく考えていなかったかもしれませんね。融資の実行を受けることばかりに目が奪われて、無理のない返済を続けることは、疎かになっていたかもしれません。金融機関担当者が内部の稟議書を書くときに、最も必要な「融資金額やその使途また返済期日・方法」の検討が少なかったと思います。高橋先輩、これから、その点を教えていただけないでしょうか。

高橋　鈴木税理士がそこまで金融機関の内部の事情を理解してくれるとは、有難いですね。税理士の先生も、最近は顧問先企業などの情報開示について深く関わっており、金融機関担当者も感謝していますが、やはり、個々の融資に関する金額・使途・返済期日・返済方法については、社長の言うことを鵜呑みにして、もう一度考えず、中小企業に任せきりにしているところがありますね。実をいうと、金融機関の融資担当者も、保証協会保証付融資や事業ローンばかりを扱っているうちに、融資金額と企業のキャッシュフローに沿った返済の関係に対する検討がないがしろになっているようですね。私としても、後輩の金融機関融資担当者に「融資金額やその使途また返済期日・方法」について、じっくり話さなければならないと思っていました。良い機会ですから、これから皆さんにお話しすることにしましょう。

山田　それは有難いですね。私どもばかりではなく、地元で事業をやって

いる同窓生にも声を掛けてよいですか。吉村さんは飲食店をやっていますし、中田君は建設不動産業、また三浦君は運送倉庫業をそれぞれ経営していますので、ぜひ、高橋先輩の金融勉強会に出席してもらいましょう。

鈴木　それは素晴らしい企画になりますね。製造業、卸小売業、飲食業、建設不動産業、運送倉庫業、旅館業の経営者が集まって、金融機関のOBから、金融機関の取引のポイントを聞けるなど、なかなか、そんな機会はありませんね。これらの皆さんが連携できれば、地域の活性化にもつながりますね。

高橋　それは楽しみですね。中小企業の発展・成長で地域が活性化すれば、地域の税理士さんとして、鈴木君も大いに恩恵を受けるわけですから、鈴木君にも大いに参考になる情報やスキルを提供してもらいたいですね。たとえば、最近話題になっている、税理士などの専門家と行政機関また金融機関との連携などについても、大いに意見を伺いたいものですね。

鈴木　これは、有難いことです。確かに、最近は、私ども税理士事務所に金融機関から取引中小企業の支援について、連携の打診があります。日本税理士会連合会も、中小企業対策部を創設して中小企業の支援に本腰を入れています。また、多くの税理士は、認定（経営革新等）支援機関に登録して、中小企業の経営改善計画書や補助金・助成金の申請の支援を実際に行っていますね。

高橋　では、私も、銀行時代のことを思い出しながら、現役の後輩銀行員に現在の実態を確認して、皆さんに、「融資金額やその使途また返済期日・方法」についてお話しをしますが、とても1〜2回では、この話は終わりません。主な資金使途は8通りありますので、8回に分けて勉強会をすることではいかがでしょうか。

佐藤　そうですか。資金使途は8通りとおっしゃいましたが、具体的にはどんな資金使途になるのですか。それだけ覚えれば、金融機関交渉が円

29

滑にできるということですか。

高橋　その8通りとは、「①仕入資金、②賞与資金、③設備資金、④長期運転資金、⑤短期継続資金、⑥資本性貸出金、⑦ABL融資、⑧資産売却つなぎ融資」です。確かに、仕入資金と言っても、在庫資金、売掛資金、商業手形割引資金、原材料購入資金、建設資材購入資金などの資金を含みますが、深く考えれば、「現金で物を購入してから付加価値を加えて、後日に販売代金の現金入金がある資金のこと」を仕入資金とみなしますと、この資金使途の範囲は大きく広がります。すなわち、仕入資金の支払資金として借り入れた資金は後日に販売代金の入金があって、その入金の一部で返済するという融資のことです。このような、キャッシュフローのプロセスを、金融機関の融資担当者と共有することができれば、金融機関交渉も円滑にできるということですね。この勉強会では、企業におけるキャッシュフローについて、今までよりも深く考えることにして、連れて、金融機関との円滑な関係を作ってもらおうというものですね。

金子　では、私どもで、勉強会の準備をいたしますので、高橋先輩、鈴木先輩、よろしくお願いします。

POINT

1 金融機関の融資担当者も、融資金額と企業のキャッシュフローに沿った返済の関係に対する検討がないがしろになっているきらいがある。

2 資金使途には①仕入資金、②賞与資金、③設備資金、④長期運転資金、⑤短期継続資金、⑥資本性貸出金、⑦ABL融資、⑧資産売却つなぎ融資の8通りがある。

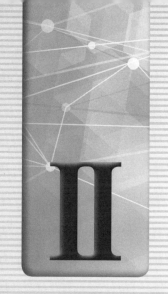

資金ニーズの見つけ方

──資金使途勉強会

1 仕入資金融資

　同窓会後2か月が経過し、資金使途に関する勉強会が催されることになりました。新たに、地元で飲食店を営む女性社長の吉村隆子さんと建設・造園・不動産業を経営する中田徹君、また、運送業と倉庫業を営む三浦功君が、加わることになりました。

高橋健	地元第一地銀で支店の貸付課長・副支店長のポストを経験し、支店長を2場所務める。本部では審査部長を2年経験し、目下、銀行のローン保証会社の役員に出向中。
鈴木進	大学卒業時に公認会計士試験に合格し、東京の監査法人と税理士事務所に勤務、15年前から、父親の経営する税理士法人で副所長、3年前から所長になり、コンサルティング業務にも注力中。
山田茂	大学卒業後、東京のホテルで修業し、父親の経営する旅館業を引き継ぎ、10年前より社長。
佐藤博	中堅商社の副部長を40歳で退職、取引先の中堅二次卸問屋に役員で入り、3年後には社長になり、順調にその会社を発展させている。
金子明	大学の研究室から35歳で後輩2人と起業し、現在では、150人の従業員を抱える金属熱処理加工企業の社長になっている。

以下3人は、今回の「資金使途勉強会」からの参加者

吉村隆子	高校卒業後、大阪の大手飲食店で修業した後に、20年前に地元で飲食店を経営していた実父が他界し、父親の跡を継いで、社長に就任。その後2つの店を追加して、現在は5つの店になっている。現在は、パートを含めた50人を雇用している。
中田徹	祖父の時代から建設・造園業を営み、地元にマンション・アパートも所有し不動産業も経営。
三浦功	父親の経営する運送業を発展させ、業容拡大し、倉庫業も始め、業績は順調。

鈴木 先日の同窓会の席上、金融機関のOBである高橋先輩に、後輩の地元企業経営者の山田君・佐藤君・金子君が、融資の基本的な知識や実務等について教えていただき、意見交換もしたいということになり、今日の勉強会になりました。同じ釜の飯を食った先輩後輩が胸襟を開きながら、実りのある勉強会にしたいと思います。では、高橋先輩、よろしくお願いします。

高橋 これからは、吉村さん、中田君、三浦君も加わり、発起人の３人の社長さん方の業種を加えれば、地元企業のほとんどの業種を網羅することになりますね。また、金融機関の資金使途は８通りになりますが、エクイティ融資に「短期継続融資と資本性融資」を含め、アセット融資に「ABL融資と資産売却つなぎ融資」を含めて、勉強会としては６回に分けて行いたいと思います。すなわち、「①仕入資金、②賞与資金、③設備資金、④長期運転資金、⑤短期継続資金・資本性融資、⑥ABL資金・資産売却つなぎ資金」の６回の勉強会をこれから行っていきたいと思います。これらの資金使途の特徴を一覧表にしますと以下のようになります。

	一括返済・コスト累計前倒し融資	毎月分割返済・積立て合計前倒し融資	⑤実質返済なし・エクイティ融資	⑥資産売却返済・アセット融資
短期返済	①仕入資金融資	②賞与資金融資	短期継続融資	ABL融資
長期返済	③長期運転資金融資	④設備資金融資	資本性融資	資産売却つなぎ融資

【長期運転資金融資は、この融資の返済期日までにキャッシュフローの累積額（コスト累計）が借入残高になり、不均等の分割返済を行うのではなく、期日に一括返済を行うものとして「一括返済」の項目に分類する】

　　皆様には、それぞれの業種の企業の代表者になったつもりで、業種の実態を踏まえて、大いに突っ込んだ質問をしていただきたいと思います。また、鈴木君は、中小企業が最も信頼を置いている士業（サムライ業）

の税理士として、また、中小企業の情報開示資料の作成支援者としても、客観的な立場で、いろいろ問題提起や意見を行ってもらいたいと思います。では、早速、仕入資金融資について、勉強会をスタートしましょう。

佐藤 それでは、発起人の一人として、私から、質問させてもらいます。私は、卸売業を営んでいますが、金融機関との取引で良くわからないことがあります。実際に商売を行っていると、急に販売先から新商品の注文を多く受けることがありますが、金融機関の融資担当者は、その急な注文増加を理解してくれないことがあります。その時に、貸出支援をスピーディにしてくれれば、その注文に応じて、売上げも利益も上げることができるのです。「その注文はなぜ急に出てきたのですか」「その注文の契約書を見せてください」「その利益は本当にあるのですか」「担保はあるのですか」そして、「保証協会の保証を申し込んでください」などと担当者から言われ、注文が消えてしまう経験がありました。我々としては、商売チャンスであり、その注文に応じたいと思ったのですが、本当に残念なことでした。

新商品については、どうしても、その仕入条件が現金決済や支払いが短期間のうちに済まさなければならないことが多く、私ども購入者に、仕入資金の立替え負担が生じてしまうことが多いのです。とは言いながら、1年くらい前に、その金融機関から、「これ以上、信用貸出はできません。次回は担保を入れてください」と言われていますので、担保のない当社としては、仕入資金の融資の申込みをあまり強く主張することはできませんでした。強くお願いすることは、他の融資の返済条件に影響することを懸念して、どうしても再度、融資をお願いすることができませんでした。実は、そのような事情によって、何回も、商売チャンスを失うことがありました。ぜひとも、仕入資金の融資について、良きアドバイスをお願いします。

山田 仕入資金の融資が受けられず、残念な思いをすることは、佐藤君のような卸売業ばかりではありません。私どものような旅館業にもあるの

ですよ。食材については、地元の農家や漁業者から、現金で仕入れているのですが、最近の宿泊客は現金の支払いが少なくなり、カード決済や旅行社からの数か月後の入金が多くなっています。食材などの現金購入資金の立替え負担がどうしても生じ、しかも、その期間が長期化する傾向にあります。特に、ゴールデンウィークや夏、秋の旅行シーズンには、この金額はかなり大きな負担になります。地元の金融機関に相談すると、すぐ保証協会保証付融資を申し込んでくれと言われます。実際、保証協会への保証申込書を作って、保証が下りて、金融機関の融資の手続きをしていると、2〜3か月もかかることがあります。それらの手続きをしていると、繁忙期が過ぎ去って、その資金ニーズに間に合わすことが難しくなります。時には、経営者である私や家族の個人預金で間に合わせますが、その個人預金にも限界がありますから、大きな団体客の需要を取り込めないこともあります。今年も、資金不足のために、東京の大きな企業の社員旅行の宿泊を断ってしまい、悔しい思いをしました。

金子 メーカーとしても、原材料の仕入資金が不足して、残念な思いをしたこともあります。原材料は相場によって値動きが大きく、安値が付いている時に、買い増しをしたいことがあります。見込み生産をするわけではありませんが、時には、有利な条件の仕入れを行って、生産費用を抑えて、販売力を高めたいと思うこともあります。原材料の購入については、仕入先企業が大手が多いために、価格交渉は仕入企業の発言力がどうしても強くなり、手元の購入資金不足のために商売チャンスを失うこともかなりあります。先ほど、佐藤君が言ったように、金融機関の融資担当者から、「なぜ、その原材料を、今、買わなければならないのですか」「購入代金は、なぜ、現金で支払わなければならないのですか」「原材料を買い込んで、在庫が増加することはないのですか」「資金繰り表と試算表を出してください」、さらには、「推定在庫ではなく、原材料・仕掛り、製品の実際の各在庫量を提出してください」とまで言われることがあります。このような時も含めて、仕入資金の融資について、教えて

いただきたいですね。

高橋 金融機関に融資申込みをする場合、この仕入資金の融資申請が、一番勉強になると思います。原料・材料・商品を仕入れますと、在庫になり、次にそれらの商品・製品などを販売し、売掛金や受取手形になって、数日後または数か月後に入金になりますね。この仕入資金を借入れした場合は、販売後の売掛金や受取手形の入金で返済するようになりますね。この資金の流れを図にすると、以下の通りになります。上段が借入で、下段が預金の残高です。

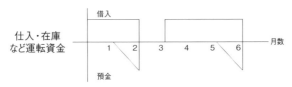

これを具体的に説明してみましょう。「仮に、単価100円のジュースを1万本仕入れ、直ちに現金でその代金を支払ったとしましょう。企業としては、1万本を仕入れて、直ちに倉庫に搬入して、100万円をメーカーに支払います。この100万円は銀行から借り入れました。その在庫は、1か月目に4,000本、2か月目に6,000本を販売することになり、すぐに、50％の粗利を含めて、150万円の販売代金の入金がありました。その150万円のうち、100万円は即座に銀行融資の返済に充てることになりますから、手元には50万円が残り、販売員給料や倉敷料また借入金利などに30万円払って、手元に利益として20万円が残りました」という事例です。すなわち、この融資は100万円の2か月融資となるのですね。上の図では、当初に借りた100万円が、1か月後から2か月後に売上代金として入金され、2か月後に返済されたことを表しています。

次に、「この企業としては、同様に、1万本を仕入れて、直ちに倉庫に搬入して、100万円をメーカーに支払いました。この100万円は銀行から借り入れました。その在庫は、1か月目に3,000本、2か月目に3,000本、3か月目に4,000本を販売することになり、すぐに140万円の販売代金の

入金がありました。その140万円のうち、100万円は即座に銀行融資の返済に充てました。手元には40万円が残り、上記と同様に、販売員給料や倉敷料また借入金利などに30万円払って、手元に利益として10万円が残りました」ということです。すなわち、この融資は100万円の3か月融資となるということですね。前ページの図では、3か月目に100万円借り入れて、3か月経過した6か月目に、5か月目から入金になった販売代金で、返済を行ったということです。

　このことは、2か月後と3か月後の入金まで借入れを行うことであり、2か月と3か月の「時間ギャップ」を、当社は金融機関によって前倒しに「充当された」ことになったということです。

　この仕入れや在庫、販売、売上代金入金について、金融機関の融資担当者にわかりやすく説明することが融資の近道ということです。1回目の仕入資金融資は、2か月後の売掛金の入金があって、2回目の仕入資金融資は、3か月後の売掛金の入金があることになります。仕入契約書や販売契約書のコピーは、将来に入金される代金の確実性を証明できます。また、過去の商品の流れまた資金のフローを一覧表にすることも、入金の可能性の高さを説明できますね。ただし、この仕入資金融資については、借入れをしている期間に企業自身が赤字にはならないことの説明も大切です。赤字になったならば、返済財源の売掛金入金が、その赤字によって外部に流出してしまう可能性が高まるからです。したがって、仕入資金の借入れをするときには、仕入資金の借入期間の期日まで、赤字にならないことを、金融機関に納得してもらわなければなりません。金融機関が、仕入資金の融資時に、決算書や経営改善計画書、さらには試算表や資金繰り実績・予想表の提出を求めることは、今後の、仕入れ資金の借入期間に赤字が出てしまい、返済財源の減少が生じないことを、金融機関内部の稟議書で上司に説明しようとしているのです。

佐藤　それでわかりました。数か月か半年くらいの仕入資金の融資において、金融機関が、なぜ多くの書類を求めるかということは、その融資の

期日までの間に赤字になってしまうと、返済財源がなくなるので、チェックを厳しくするということですね。赤字は確かに企業にとって回避しなければならないことですが、金融機関はなぜそんなにまで赤字に対して神経質になるのかという意味がわかりました。金融機関は、赤字になると、今まで融資した貸出の返済ができなくなることが心配だったのですね。赤字になると、企業のキャッシュフローが減少し、手元の現預金が少なくなるということだったのですね。そのような点までは、あまり考えていませんでした。

高橋　昔の銀行員は、赤字になったということがわかると、既存融資の返済状況の見直しや、返済金額の変更、また返済猶予として支援するかという、シミュレーションを行ったものです。これが、複数行取引であれば、他の金融機関が赤字対応として、回収方針を出した場合は、その企業の返済財源をほとんど他行の返済に充当され、自行の融資の返済財源は一層少なくなったり、時には、他行の融資の肩代わりまでさせられることがあるのです。赤字自身よりも、他の金融機関の回収対応の方が、与信管理では神経を使わなければならないということです。とは言うものの、仕入資金が在庫を経由して売掛金として現金化する期間は数か月、長くて１年以内ですので、一般的には、このような短期間に大きな赤字が出て資金繰りを狂わすことは、あまり考えられないことから、普通は、「資金繰り実績・予想表」のチェックで十分であると思われています。

中田　仕入資金融資の注意点はよくわかりました。今回から、この勉強会に参加させていただくことになり、少し緊張していますが、佐藤君、金子君、山田君から、この会の趣旨と今までのこの会でのお話を聞いて、ぜひ参加したいと思いました。早速、仕入資金融資についてのお話を聞いて、新鮮な気持ちになると同時に、考えさせられるものがありました。そこで、私の件で恐縮ですが、少しお話をさせていただきたいと思います。私は、現在、建設業、造園業を行っていますが、高橋先輩がお話しされた仕入資金融資のお金の動き、すなわち、支払いと入金それから返

済の動きは、建設業などにも、大きな示唆になると思いました。私ども
は、建設資材の購入を行いますが、この支払資金の入金は工事完成時ま
で一般には手元には入ってきません。また、手掛けた工事の検収が遅く
なったり、種々のクレームが発生すると、さらに、その入金は遅くなり
ます。また、工事が何本も重なると、入金時期が読めなくなることもあ
ります。仕入資金ならば、在庫・売掛・現金回収と、過去の実績による
傾向値があり、ある程度のことは予想できますが、工事の場合は、施主
によって全く入金が読めないことがあります。このような場合において
は、どのように金融機関に説明し交渉するべきなのでしょうか。

高橋　おっしゃることはよくわかります。建設業における工事代金の入金
も、卸売業の仕入資金の入金と同様に、事業にかかわるキャッシュフロ
ーで決まりますね。確かに、この入金は、施主の都合、検収の都合で、
なかなか読みにくいものです。しかし、この予定は、融資申込者である
建設会社さん自身に決めてもらわなければなりません。このことは、卸
売業者の仕入資金融資の返済期日も同様です。とにかく、企業の個別の
キャッシュフローについては、金融機関は相談や助言はできるものの、
その期日の第一の決定者は、借り手企業自身であり、まずは、金融機関
にその期日を提案してもらわないと困りますよ。

金子　私はメーカーですが、資材の仕入資金融資については、生産ライン
に乗せて、製品在庫を経由して、販売先から売掛の入金がある日時を想
定して、その返済期日を決めます。その仕入資金融資の返済期日が売掛
金の入金よりも、早くなってしまったら、原則として、その期日支払い
は、手元資金を取り崩してでも、払わなければなりません。すなわち、
資材購入融資も、仕入融資と同じことですね。資材の値上げが予想され
る時や、生産ラインの稼働をアップしなければならない時も、その資材
を購入しなければなりませんが、この購入資金を借りるならば、融資の
返済期日は、製品販売の予想を立てキャッシュフローを冷静に考えて、
論理的な根拠によって、決定しなければならないということですね。と

にかく、仕入資金融資を受けるためには、まずは、返済期日をしっかり決めてから、融資申込みをするということですね。

高橋　まさにその通りです。仕入資金融資の考え方は、建設業であろうとメーカーであろうとも、将来の入金時期を見通して、その入金金額を、時間を前倒しにして、現在、金融機関からの融資によって手元資金を作るということですね。これを「時間ギャップ充当融資」ということにもなりますね。融資というものは、将来の入金を前倒しに調達することであり、時間のギャップを埋めるものということになります。もし融資を受けないならば、時間が過ぎるまでは、融資相当金額のメリットを受けられないということですね。

三浦　私は、今回から、皆様のお仲間に入れていただいた三浦です。私は、現在地元で、運送業と倉庫業を営んでいますが、高橋先輩の「仕入資金融資」について、これは「時間ギャップ充当融資」であるというご説明を聞いて、納得しました。私どもの業界にも、仕入資金と同様な資金ニーズがあることがわかりました。当社は、もともと運送業だけを行っていましたが、遠隔地向け運送を行うにあたり、貨物の積替えを行うための中継地が必要になり、その中継の場所に、倉庫も建設することになったのです。このような遠隔地向け運送のために、自社でインフラを整備してみると、同業者や運送部門を持つ企業から、この倉庫を使わせてくださいという打診が増えてきました。具体的には、季節的な大口の運送・倉庫業務の申込みが来るようになりました。ただし、実際にこの業務を行ってみると、倉庫の保管料や運送費は、ほとんど後払いになっています。当社としては、このような季節的な臨時業務を担当する人材も、他社に頼むことになり、これらの人材派遣に対しては、現金払い、時には前払いになり、かなり大きな資金の立替えになってしまいます。特に、年末や各社の決算期前の繁忙期には、この立替えが集中し、かなり大きな資金需要になり、借入れニーズが発生します。これらの季節的な運送料・倉敷料の融資については、その入金で返済されるまで、「時間ギャッ

プ充当融資」ということになります。これは、仕入資金融資とは言わないかもしれませんが、ご説明された「仕入資金融資」の一種とも言えると思います。

吉村 私は高校卒業後、大阪の大手飲食店に就職し、接客の業務を経験してから厨房に入ることが認められ、5年後に、実家に戻りました。と言いますのは、その間に結婚し、出産に先立ち、実家に戻ることになったのです。実家は、もともと飲食店で、父が社長で3つの店を経営していました。子供が幼稚園に上がるまでの5年間は、そのうちの1つの店を手伝っていましたが、父が急に他界し、私が本格的に経営を見ることになりました。その後20年、紆余曲折はありましたが、現在は5つの店をやっています。その間、銀行さんとの交渉を私が続けて来ましたが、感謝もしていますが、精神的なストレスもかなりのものでした。

　先日、山田さんとお会いして、今回の勉強会のお話を聞き、かつてテニスを教えていただいた高橋先輩のお話も聞けるということで、本日参加させていただきました。私のことはさておき、仕入れについて、私の悩んでいることがあります。父の時は、3か店の飲食店にはそれぞれベテランの店長がいて、食材の購入も、それぞれの店長に任せていましたが、現在はさらに2店舗を増やしたことから、食材の一括仕入れを始めました。食材は、地元の農家さんや魚問屋さん、食品卸さんから入れていますが、その仕入代金はほとんどが現金支払いになっています。しかし、売上げ入金は、企業の宴会の場合は後払いとなり、個人の顧客の場合もカード支払いが多くなり、どうしても数か月間の立替えが生じています。年末年始や年度末などは、この立替え資金ニーズがかなり発生します。飲食店は、現金回収がベースですが、店舗のリニューアルなどを行った場合は、手元資金が少なくなり、季節的な資金立替えとはいえ、2～3か月の借入れニーズが発生します。このような場合も、高橋先輩が先ほど、ご丁寧に説明していただいた「時間ギャップ充当融資」になり、「仕入資金融資」の一種と言えるのですよね。

高橋　全くその通りです。私としては、「仕入資金融資」の名称で、事前支払いと事後入金による立替え資金ニーズについて説明しました。吉村さんの場合は、金融機関には「食材購入資金」とか、「年末増加売掛金資金」「増加運転資金」という言い方で、融資申込みに行かれるかもしれませんが、これはまさに、今、話題にしている「仕入資金融資」のことです。「仕入資金融資」というと、佐藤君の卸売業だけしか通用しないように聞こえますが、山田君の旅館業、金子君のメーカー・製造業、中田君の建設業、吉村さんの飲食店、また、三浦君の運送業・倉庫業など、どんな企業にも必ずある資金ニーズであることがわかっていただけたと思います。

　実は、企業とは、「何回も事業を繰り返す組織」であると言われていますが、その事業には、資金の立替えがあります。ですから、企業であれば、常にこのような立替え資金ニーズ、仕入資金ニーズがあるのです。時には、手元資金では間に合わないような、大きな資金ニーズも発生します。この資金ニーズを賄うのが、融資になります。後日の資金還流までの期間に生じる借入利息を上回る付加価値が見込める場合は、前倒しの資金ニーズを融資で賄うということです。この前倒しの資金ニーズを「時間ギャップ充当融資」と言い、繰り返しになりますが、事業を繰り返す企業ならば、すべての企業で、この資金ニーズがあります。これをわかりやすく言うならば、一般的な卸・小売業の仕入事業に重ねて、「仕入資金融資」と言っているのです。

鈴木　今の高橋先輩のご説明で、同じ融資でも、金融機関で個人ローンと企業貸出とでは受付窓口が違うという意味がよくわかりました。住宅ローン、教育ローン、オートローンというものは、一生に1度ないしは2〜3回の資金ニーズですから、金融機関の預金窓口に近い相談コーナーで受け付けているのですね。アパートローンや創業支援ローンは、事業資金であり繰り返しの資金ニーズですから、同じ個人への融資であっても、貸付係の窓口にて対応しているのですね。すなわち、相談コーナー

は非事業資金貸出・ローンを扱い、貸付課の窓口は繰り返しの資金ニーズである事業資金貸出を扱うという仕切りになっているのですね。もちろん事業性評価融資も、貸付係の窓口が扱うことになっているのですね。

高橋 さすがに、鈴木君は税理士先生ですから、目の付け所が違いますね。同じ個人の借入れでも、原則1回の借入れで終了するものが、非事業貸出で、住宅ローンや教育ローンなどと言っており、相談コーナーの担当者は、商品担当者であり、繰り返しの資金ニーズに対応する企業担当者ではないのです。貸付課の企業担当者は、繰り返しの事業資金ニーズに対応する担当者ですので、そのように、一つの企業の繰り返される事業資金の貸出を検討していくうちに、企業に対しても、深い理解が身につくということになっています。転勤がなく担当する期間が長くなると、その企業についての何回もの事業活動が理解できるようになり、経営のコンサルティングまでできる担当者も出てくるということですね。話は戻りますが、「仕入資金融資」とは、繰り返される事業によって生じる立替え資金ニーズに応える融資ということになりますね。

金子 その繰り返される事業についてですが、私どもメーカーとしては、原材料の値が下がる時は、手元の在庫を少な目にして、頻繁に仕入れます。このような場合は、何回も仕入れますが、販売先への納入については1回であり、売掛金も一本になることがあります。逆の場合もあります。原材料の値が上がる時は、手元の在庫を多めにして、値が低いときに一度に仕入れます。しかし、販売についてはいろいろな地域の種々の会社に売る場合は、売掛金も何本にも分かれ、入金もばらついてしまいます。仕入先に対しては一度に支払いますが、販売先への納入と売掛の入金は、数か月の間にばらばらと入ってくることもあります。このような場合は、仕入資金融資は、仕入先の支払いベースか、販売先の入金ベースかということで、何本かに分かれてしまうことになるのですね。

山田 私どもの旅館業も同じようなことがあります。秋の社員旅行シーズンなどは、毎日のように大きな団体が出入りします。お酒などの飲み物

や冷凍食品などは一度に仕入れることができるのですが、生鮮食品は毎日購入して来なければなりません。仕入れがばらついてしまいますね。旅行代金は、翌月か、翌々月の月末に一斉に入金になります。金子君と同じように、仕入代金のバラツキが生じてしまうのです。このような時には、仕入資金融資をいくらの金額にして、その返済期日は、いつにすべきか迷ってしまいますね。

高橋 その通りですね。企業は生き物ですから、仕入れも、在庫も、回収も大きく変動するのは当然です。必ずしも仕入資金・在庫資金の支払いは一度に生じるとは限りませんね。商品別、納入先別、地域別など、バラバラの支払いが発生することが常態かもしれません。また、販売についても、販売代金の入金も分散することが当然かもしれませんね。このような場合は、これらの仕入れと在庫の支払資金をまとめ、また販売代金入金をまとめて、仕入れ・在庫などの借入金額を金融機関に説明することになりますね。ただし、仕入代金支払明細や販売代金入金明細は一覧表にして、金融機関に提出したいですね。このような時には、税理士・公認会計士の力を借りることも一策です。支払いや入金がばらばらになってしまうと、支払いならば、給料や設備の分割支払いなどが混ざってしまいますし、入金ならば、他の企業からの未収金の回収や貸付金の返済また自社の所有する駐車場やアパートの家賃などの入金も含まれることになります。これらの収支を峻別することは、実務に慣れて来ないと難しく思いますが、やはり、仕入資金融資の場合は、当面の支払いと、将来の入金はリンクして管理しなければなりません。そこで、金融機関に要求された場合は、その支払いと入金のキャッシュフローを明確に説明できる一覧表は作成しておく必要がありますね。

佐藤 そうですね。企業サイドとしても、このような管理ができていませんと、仕入先管理や販売先管理もできませんから、商品別・仕入先別・販売先別の、しっかりした通番管理が必要になりますね。私としては、不十分かもしれませんが、「仕入資金融資」については、ほぼ理解できま

した。ただ、融資の返済方法については、この仕入資金融資は、期限に一括して返済する「期限一括返済」の形式が多く、むしろ融資で大半を占める毎月の分割返済とは違っていますね。同じ1年以内の短期融資である、「賞与資金融資・決算資金融資・納税資金融資」などは、当面の賞与や配当・納税資金などのために一度に融資をして、現金で支払いを行い、以後、毎月同金額を返済する「元本均等分割返済」の融資ですね。これは、仕入資金融資とは違って、将来のキャッシュイン・入金までのつなぎ資金融資ではありませんね。だから、積立定期預金のように毎月決まった金額を支払うような「毎月元本均等分割返済」をせざるを得ない融資ということになるのですか。

高橋 佐藤君の言う通り、賞与資金融資や決算資金融資また納税資金融資は、一見、当面の賞与や配当・納税の資金を融資して、次の賞与や配当・納税までに、全額返済してもらうために、その融資金を均等に分割して返済する融資のように見えますね。しかし、金融機関においては、この融資も「時間ギャップ充当融資」とみなしているのです。この点については、次回の勉強会で、皆様と検討することにしましょう。

*P*OINT

1 仕入資金融資とは、繰り返される事業によって生じる立替え資金ニーズに応える貸出であり、借り手企業から見れば「時間ギャップ充当借入れ」でもある。

2 手元の購入資金不足のために商売チャンスを失わないためには、仕入れや在庫、販売、売上代金入金について、金融機関の融資担当者にわかりやすく説明することが融資の近道。

3 仕入資金融資を受けるためには、まずは、返済期日をしっかり決めてから、申込みをする。

2 賞与資金融資・短期融資

佐藤 前回の勉強会は、私ども経営者にとって、金融機関の融資担当者の融資に関する基本的な考え方を教えていただき、目から鱗の落ちる思いで、聞くことができました。決算報告書や事業計画書、ローカルベンチマークの資料だけでは、金融機関から円滑に融資を受けることができないことがわかりました。「決算内容がよく、債務者区分が正常先ならば、金融機関はすぐに融資をしてくれる」と思い込んでいましたが、借入れの金額と返済期日や返済方法そして資金使途が明確にならなければ、融資は受けられないことがわかりました。融資は、金融機関からキャッシュ・現金を自分たちの口座に入金してもらうわけですから、その現金の支払いやその後の入金予想の詳しい説明が大切なことが、今更ですが、納得できました。

　前回の研修会の最後に、高橋先輩から、借入返済の多くを占める「毎月分割返済」の融資であろうとも、期日一括返済の「仕入資金融資」と同様に、将来のキャッシュ・インまでの時間ギャップを埋めるつなぎ資金であり、これらも「時間ギャップ充当融資」とみなしているとのお話を聞きました。しかし、賞与資金は、従業員に支払われるものであり、その資金が、仕入資金のように、どのような経路で自社に戻ってくるのかということがよくわかりませんでした。

高橋 そうですね。ちょっと、これは難しい質問であったかもしれません。簡単に言うならば、借り入れた金額を融資期間で割って、その金額を別途毎月積み上げ、その期日に、積み上げた金額を取り崩して返済するという考え方です。その積み立てたものを取り崩した金額が、キャッシュ・インということになります。これは、会計的には、引当金、減価償却などという考え方にも重なるものです。

佐藤 それでわかりました。私も卸売業を営む会社の経営者ですから、引

当金という考え方は大切ですので、多少、勉強しました。すなわち、賞与資金融資の返済財源は、次回の賞与支払いまでの間、賞与引当金を毎月繰り入れて、その賞与金額まで積み上げた引当金を期日に取り崩しますが、その取崩し分が、賞与引当金の「キャッシュ・イン」に相当するということになるのでしょうか。

金子 なるほど、佐藤君の言う通りかもしれませんね。私としては、賞与資金融資は、期日に一括返済する金額を、借入期間で単純に割って、その借入元本に毎月同額の金額を返済していくとものであると考えて、それ以上のことは思いつきませんでした。確かに、「賞与引当金」の取崩しが、賞与資金融資の将来のキャッシュ・インと言われれば、そういう見方もあるのだと、納得できますね。私どもは、メーカーですから、この話を聞いて、工作機械や合理化設備の購入時の減価償却を想定しました。減価償却も、そのように考えれば、減価償却の累計金額の取崩しを、設備資金のキャッシュ・インと考えることもできますよね。

鈴木 佐藤君や金子君の発言を聞いて、引当金や減価償却の考え方が、融資の返済財源になる「将来のキャッシュ・イン」に結び付くということがわかってきました。税理士としては、引当金は、将来の大きなコスト（費用）に対する先行する積立金と見ますし、減価償却は、目の前の大きなコスト（費用）の将来への繰延べ分と考えますが、このように、別の見方をすることもできるのですね。減価償却の繰延べの累計額で、その期日に同額の設備（機械など）を購入すると考えれば、毎期の減価償却は、次の同額の設備投資への積立金ともみなすことができますね。賞与引当金については、6か月後の賞与に向けた積立金ということになりますね。とにかく、毎月の積立金の期日取崩し分が、賞与資金融資のキャッシュ・インということですね。

高橋 その通りです。鈴木君のような税理士さんの見方では、引当金と減価償却は別の概念かもしれませんが、毎月積み立てて期日に全額取り崩すということを見れば、この全額取り崩す金額がキャッシュ・インとみ

なすことができますよね。したがって、毎月返済する賞与資金融資も設備資金融資も、「時間ギャップ充当融資」と考えられるということです。お話は、やや理屈っぽくなりましたが、金融機関の融資は将来のキャッシュ・インまでのつなぎ資金であり、その将来を待たずに今の時点で前倒しに現金を提供してくれるのが金融機関の役割であることを、私としては十分に肝に銘じていただきたかったのです。

　たとえば、住宅ローンを考えてみてください。仮に、30代前半で、3,000万円貸してもらえれば、自宅を建てることができますね。この住宅ローンによる新しい家で、子育てや教育、家族の団欒や絆を深めることができるのですよね。住宅ローンの期日である30年後、すなわち60代前半に、毎月積み立てていった積立金を崩して、新築住宅を建てたことを想定してみてください。その新築住宅は、60〜70代の老夫婦が老後の生活を送ることにしか使えません。人生の楽しみや生きがいである子育て・教育・家族の団欒・絆は、住宅資金を積み立てることばかりに気が奪われて、満足にできなかったかもしれません。融資とは、この時間ギャップを乗り越え、借り手の幸せやロマンを満たすものでもあるのです。融資の効用とは、時間ギャップ充当で、借り手に大きなメリットを与えるものでもあるのです。

山田　なるほど、よくわかりました。お金を借りることは後ろめたさを感じることであって、資金繰りが下手な経営者と見られるとばかり思っていましたが、むしろ、前向きの資金需要を見つけ出したり、付加価値を生み出すことができる、やり手の経営者であるということにもなるのですね。

高橋　全くその通りです。金融機関も、そのような経営者の前向きな資金需要のお手伝いをしたり、付加価値を生み出す業務の支援をすることに、存在意義があるということです。そこで、心配なことがあるのです。最近の金融機関は、賞与資金融資などの、1年以内の短期間の融資の支援が手薄になっているように思うのですが……。実際、短期間の融

資の件数が少なくなっていますよね。短期の融資こそ、金融機関は、企業の前向きな投資の内容や付加価値の実態を把握しやすいと思われますし、企業としても、短期融資の収益寄与や、付加価値が生まれるプロセスを金融機関に説明しやすいものと思います。最近は、本当に、短期の融資が減っているのです。このことに対して、金融機関の担当者は、短期融資の資金ニーズが少なくなっていると言っていますが、これは疑問ですね。

山田　とんでもない。短期間の融資ニーズは大きいですよ。実際、短期の資金ニーズはたくさんあります。私どものような旅館業は、賞与支給時の６月は、５月の繁忙期の宿泊入金が入る前であり、手元資金が少なくなります。また、冬の賞与の12月初めは年末年始の繁忙期の準備期間であって、この時も、手元資金が減少する時です。このような時に、金融機関に賞与資金の融資申込みに行くと、「５月の宿泊入金動向や年末年始の予約状況を見て、自社の業績を冷静に判断してから、賞与資金を決定するべきではないですか」などと言われてしまいます。おっしゃることはわかりますが、短期間の融資ですから、従来の当社の預金の入出金の動きや返済の実績を見てもらいながら、アドバイスをしてもらいたいですね。このような宿泊入金動向や年末年始の予約状況の資料は、時間をかければ作成できますが、あまり細かな数値を提出するように要求されると、資料作成に手間取り、賞与支給などの資金ニーズのタイミングを失ってしまいます。

　現在は、人手不足の状況ですし、従業員のモラールアップを考えれば、賞与支給は必須ですので、早急に賞与資金の融資を金融機関から受けたいですよね。６か月の融資を受けるのに、いろいろな資料の作成を求められることがあっては、まさに、金融機関に、「短期の融資は、短期間なのだから融資など受けずに、手元の資金でやりなさい」と言われているように感じてしまいます。いくら高い付加価値が見込まれる事業があったり、企業家としての志があったとしても、金融機関の担当者が要求

する情報や詳細な資料作成にはデータが不足したり、時間がかかったり
と、そのハードルは、高いものになっていることがありますね。

中田 山田君の言ったことには、全く同感です。建設業を営む私としては、
人手不足は重大問題ですね。正社員であろうとパートさんであっても、
賞与資金は欠かせませんね。金融機関の担当者からは「賞与資金は前期
の実績に基づいて支給金額を増減させるべきである」と言われますが、
賞与資金は給料の後払い的な色彩が強くなり、早期に支給することがポイ
ントになっています。確かに、賞与の支給額は、前の期の実績に沿っ
て金額を決定することはわかりますが、我々の業界では、前期と後期で
は売上げも大きく変動するのです。この点を工事の明細まで出して、金
融機関の担当者に詳しく説明していますと、賞与資金支給のタイミング
を失ってしまいます。金融機関にもわかってもらいたいですね。

三浦 その通りですね。私ども運送業も、荷物の動きが活発になる期末・
期初や年末・年始で、仕事量が増加し、その時の運転手の雇用には、頭
を抱えています。私どもは、過去に資金不足になった時に、金融機関の
強い勧めで、保証協会保証付融資を受けて、賞与資金支払いに充当した
ことがあります。保証協会の保証は有難いのですが、保証協会がいつ保
証を下してくれるのか、なかなか金融機関の担当者からは、教えてもら
えません。「保証協会に決定権限があるので、金融機関としてはわかりま
せん」の一辺倒で、私どもとしては、会ったこともない保証協会と交渉
することもできず、本当に困りました。結局、賞与資金の支給が、年末
ギリギリになってしまいました。これでは、短期間の借入れである賞与
資金融資などは、なかなか金融機関にはお願いしにくいものですよね。

吉村 今の三浦君のご意見はもっともであると思います。私どもも、飲食
業を営んでいますので、本当に最近の人手不足は喫緊の課題になってい
ます。人材確保のために、早期に賞与を出さなければ、従業員やパート
さんのモラールは下がってしまいます。私どもも、保証協会保証付きの
賞与資金融資を受けていますが、6か月に一度、銀行に行くことが、不

安でなりません。融資担当者から、いろいろ聞かれたあげくに、金融機関の担当者の行内目標達成に協力もしなければならないからです。

　賞与資金融資を実行してもらうにあたり、業績動向や雇用状況を聞かれ、従業員に支給した賞与資金の自行への個人預金などとして資金還流することまでも依頼されます。保証協会へは、かなり厚い申込書も作成し提出しなければならず、その記載内容についても詳細を聞かれます。もし数字の整合性に齟齬でもあれば、鬼の首を取ったように追及されてしまいます。担当者は、若い人が多く、いつも、企業について同じような内容を聞かれます。おそらく、上司にヒアリングの指導を受けているものだと思いますが、書類提出後には、何回も個別の質問が、直接会社の電話に掛かってきます。一方、こちらから「いつ頃、賞与資金融資が実行になりますか」と聞いても、「本部や保証協会次第ですので、わかりません」との回答で、私どもの会社の従業員に対し、我々経営者の面子が潰れてしまうことも多々あります。毎月の分割返済をする短期間の借入れくらいは、金融機関のプロパー融資で対応してもらいたいものですね。

高橋　私が「最近の短期融資ニーズが少なくなっているということは疑問ですね」と質問を投げかけたことに対して、皆さんから、このように多くの意見や不満が出るとは思いませんでした。とにかく、短期の資金需要はかなりあることはわかりましたが、皆様が金融機関に融資の申込みに行くと、融資担当者から多くの質問や宿題が与えられ、時間ばかりが経ってしまうことが多いようですね。また、皆様経営者にとっては、現在の喫緊な人出不足改善のため、早期に賞与を出して、自社の雇用環境を改善しようと、大局的な見方をしているのに、金融機関の融資担当者は、金融機関内部の事務手続きやチェックリストの資料徴求、またまずは「引当十分な融資を行うこと」という、やはり金融機関内部の原則論を繰り返されることから、経営者はストレスが溜まるものだということは理解できました。金融機関としては、短期融資は担保を取ることが難

しいことから、保証協会保証付きの融資に頼ることが多いようですね。

　とにかく、短期間の融資なのに、金融機関のヒアリングや情報開示資料は、まるで、長期の融資申込みのように要求水準が高く、保証協会保証付きの融資への誘導も強いということですね。そして、協会保証の融資の場合は、融資の意思決定者が、保証協会と金融機関の２つに分かれ、しかも、借り手経営者は保証協会とは接触がないので、相互の対話が難しいという難点もありますね。その上に、協会提出資料も別途作成しなければならず、中小企業としては負担感が大きいということですね。

鈴木　しかし、金融機関の担当者の言うことは、必ずしも、無理難題ばかりとは言えませんね。借り手企業としては、準備しなければならない情報や資料でもあります。私ども税理士と連携を組んでいただければ、経営者が金融機関に交渉に行く前に、それらの資料はほとんど用意できる資料とも言えます。やはり、金融機関と中小企業また税理士などとの連携は、必要であることを感じます。

佐藤　鈴木先輩のお話を聞いていると、普通の税理士さんとは、先輩は随分違っているように思います。私の会社の顧問税理士は、税務申告関連の業務以外はほとんどやってくれません。他の顧問税理士の先生も、鈴木先輩のように、情報開示資料の作成支援や金融機関交渉のアドバイスなどをしてくれるのですか。

金子　そうですね、私たちの顧問税理士の先生は、鈴木先輩と同様に、かなり踏み込んで情報開示資料の作成や金融機関交渉のアドバイスをしてくれます。ただし、顧問料以外に、書類作成手数料はお支払いしています。金融機関交渉が円滑になれば、私ども経営者や財務部幹部にとって、金融機関に拘束されていた時間がかなり軽減されますので助かります。このことは、手数料支払い以上の効果があると思います。

山田　そうでしょうね。顧問税理士が金融機関や行政に提出する書類の作成支援を、かなりの時間を割いて行ってくれ、手数料を請求しないならば、このようなサービスをいつも税理士に頼むことができず、持続性は

なくなってしまいますよね。これから、金融機関が大リストラを図る場合は、融資担当者は情報収集の時間がなくなり、借り手企業自身による情報開示が欠かせないことになるでしょうね。早期に、税理士と企業の連携を密にして、情報開示が円滑に行われるように準備しなければなりませんね。税理士の先生にも、金融機関と情報交換を行ってもらい、的確な資料の作成支援を行ってもらいたいものですね。

高橋 金融機関も、顧問税理士の企業に対する支援度や情報開示資料の作成スキルは、かなり見ていくことになると思います。金融機関自身では、企業の内部に入り込んで、外部環境や内部環境また組織変更などのアドバイスはとてもできませんし、複数行取引の場合は、他行との兼ね合いで、経営コンサルティングまでは、現実問題として不可能ですね。今後は、銀行は、頻繁に企業を訪問し情報交換や経営助言などを行っている顧問税理士の先生たちのお力を借りることになると思います。昔と違って、多くの顧問税理士の先生は認定支援機関になっていますので、そのようなスキルも知識もお持ちになっており、このような期待も当然のことですよね。金融機関の本部においても、各支店から上がってくる稟議書の添付資料を見ながら、その資料を作成支援した企業の顧問税理士などの実力を評価することも多くなっているようですね。

三浦 このような税理士の新しい動きは、当社にとってはショックですね。私どもの顧問税理士は、税務申告の関連業務以外については、何もしてくれません。先ほどお話ししましたが、私どもは、過去に資金不足になり、保証協会保証付融資で賞与資金支払いを賄ったことがありました。今後については、賞与資金は、金融機関のプロパーの融資にしてもらい、残高に上限がある保証協会保証付きの融資は、別の資金使途の融資に使ってもらいたいですよね。そのために、賞与資金の関連資料の作成と別の運転資金申込み用の関連資料を作成してもらいたいと思ったのですが、私どもの税理士は、「そんなことは金融機関に聞いてください」と言い、書類作成の相談にも乗ってくれませんでした。借入金の関連資料の作成

支援などや相談等をしてもらえれば、当社の資金繰りはかなり改善されるものと思います。金融機関との関係が改善されれば、大口の注文に呼応した運転手の採用も、他社への委託業務も、短期の融資で円滑にできるようになると思いますが……。当社としては、税理士先生に、書類などの作成支援を受けてもらえないことは残念です。

中田　我々にとっては、短期の融資が受けられれば、間違いなく、収益は好転できると思います。建設業は、本当に人手不足で、そのために工事が取れないのが現状です。もしも、オリンピック施設の関連工事に関して、人件費前払金を金融機関が貸してくれるならば、今期の収益はかなり改善できると思います。税理士先生は、税理士会の綱紀規則25条とかで、「一つの企業に一人の税理士」と決まっているそうであり、他の先生に依頼することもできず、困ってしまいますよね。

鈴木　よく「税理士会の綱紀規則25条」などを、中田君は知っていますね。ただし、この規則は、税務申告などの業務に限定され、経営コンサルティング業務や金融機関取引への助言業務までを拘束するものではありません。別の税理士先生や中小企業診断士などの専門家に相談されては、いかがでしょうか。中小企業の場合は、企画部門や管理部門が社内にないために、社外の専門家の知恵を借りなければならないことも多いと言われていますよね。

中田　それは有難いことです。私ども建設業は、「経営事項審査（経審）」で、指定機関に書類を提出して、公共工事の受注を取らなければなりませんから、内部管理面や情報開示資料の相談・助言は欠かせません。早速、他の専門家に相談することにします。

高橋　やはり中小企業の経営者の皆様は、経営に関するコンサルティングが必要ということなのですね。確かに、中小企業は販売力や技術力に注力するあまり、企画・管理部門は充実しているとは言えませんね。経営者や幹部としては、企業の方針・決算報告・経営計画・情報開示などの経営施策や企画・管理の面は、専門家のアドバイスが欲しいようですね。

このような経営面のスキルに経営者が長けていれば、先に述べたような短期資金融資も、もっと積極的に取り込むこともできたものと思われますね。かつての金融機関ならば、何でも金融機関の融資担当者に相談し、アドバイスを受けながら、必要な資金を借りることが多かったようですが、最近は、金融機関が相談に乗ってくれるようなことはなくなりました。今後は、地域金融機関の大リストラで、一層、金融機関はそのような相談・アドバイスには対応できないと思います。

　しかし、中小企業の行政面の支援態勢はかなり整っていると思います。中小企業庁のホームページを見ると、中小企業の支援策が充実しています。行政が中小企業に対して、公的融資や補助金・助成金の支援を紹介してくれるし、保証協会保証も受けやすくなっています。そのためには、書類の作成やその後のモニタリングの支援を、税理士などの専門家に頼むようになり、税理士なども、そのような情報開示資料の作成支援業務が増加しているようですね。このような動きをすでに捉えて、企業と税理士と中小企業の三者連携で、資金調達を円滑に行っている企業もかなりあります。仕入資金融資に対して、情報開示資料の提出や毎月の試算表、資金繰り表、モニタリング報告書の提出も行い、金融機関は当座貸越の枠を提供したり、過去のピーク残高以内の融資申込みならば機械的に実行しているような対応を行っているケースもありますね。賞与資金融資についても、前回の賞与資金融資の返済が約束どおり履行されているならば、決められた書類の提出だけで、融資は機械的に実行されることもあります。期限一括返済の短期融資である仕入資金融資や、毎月の分割返済の短期融資の賞与資金は、上記の金融機関との対話の中で、金融機関から有益なアドバイスを受けながら、実行されていくものと思われます。

佐藤　そうですね。中小企業としても、金融機関に常日頃から、情報開示資料の提出を行い、融資の金額、期日、返済方法、資金使途を考慮しながら話していくならば、仕入資金、賞与資金などの短期資金融資は、比

較的簡単に、受けられるということですね。金融機関の融資担当者は、これらの資料や説明によって、金融機関内部の稟議書などを容易に作成でき、本部などからの承認もスムーズに受けることができるということですね。

高橋　その通りだと思いますよ。前回・今回と、短期資金の融資について、勉強してきましたが、次回は、設備資金融資について、意見交換をしましょう。この設備資金融資は、長期の毎月分割返済融資ですが、これも、「時間ギャップ充当融資」であり、将来のキャッシュフロー（イン）までのつなぎ資金融資ということですね。皆様も、設備資金融資について、それぞれの企業や業界の特徴を考えながら、いろいろな局面を想定して、問題点や質問を用意しておいてください。

*P*OINT

1 毎月の積立金の期日取崩し分が、賞与資金融資のキャッシュ・インということ。

2 金融機関の融資は将来のキャッシュ・インまでのつなぎ資金であり、その将来を待たずに今の時点で前倒しに現金を提供してくれるのが金融機関の役割である。

3 設備資金融資

金子 今日は、設備投資に関する融資の勉強会ですから、メーカーの私から、議論の口火を切りたいと思います。実は、私どもは、毎期、新しい工作機械を導入していますので、設備投資の融資は金融機関から頻繁に受けています。機械の購入資金を借りるときは、いつも、「減価償却資産の耐用年数等に関する省令」の一覧表を金融機関に持って行って、借入金額に加えて、その耐用年数に相当する期間程度の借入条件の要求をしています。減価償却の累計金額の取崩しで、期日には、もう一度同種の機械を購入しますので、この方法は論理に叶っていると思います。しかし、多くの金融機関は、最長5年、長くても、10年以内の返済しか認めてくれませんので、現実問題として、金融機関の言う通り、5年の借入期間に圧縮されることが多々あります。

■← 減価償却資産の耐用年数等に関する省令　別表

別表第二　機械及び装置の耐用年数表

番号	設備の種類	細目	耐用年数	償却率		
				定額法 (別表第八)	定率法 (別表第九)	新定率法 (別表第十)
16	金属製品製造業用設備	金属被覆及び彫刻業又は打はく及び金属製ネームプレート製造業用設備 その他の設備	6 10	0.167 0.100	0.417 0.250	0.333 0.200
17	はん用機械器具（はん用性を有するもので、他の器具及び備品並びに機械及び装置に組み込み、又は取り付けることによりその用に供されるものをいう。）製造業用設備（第20号及び第22号に掲げるものを除く。）		12	0.084	0.208	0.167
18	生産用機械器具（物の生産の用に供されるものをいう。）製造業用設備（次号及び第21号に掲げるものを除く。）	金属加工機械製造設備 その他の設備	9 12	0.112 0.084	0.278 0.208	0.222 0.167

設備資金融資も、減価償却累計金額の取崩しが、返済財源と考えることが「時間ギャップ充当融資」の原則だと思います。すなわち、設備資金融資と言えども、減価償却累計金額の取崩し時の前倒し融資、またはそれまでのつなぎ融資ということですね。設備投資をするときは、企業を営む経営者としては、「この機械はいつまで使え、生産効率はどのくらい上がり、合理化効果はどのくらい高まり、何年後にこの機械から生まれる付加価値で購入金額を回収できるか」を考えます。まさに、この付加価値による回収ということですから、やはり、「時間ギャップ充当融資」ということになります。

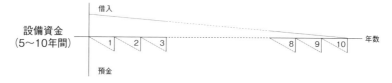

高橋　その通りですね。長期間の設備投資と言えども、金融機関としては、将来のキャッシュ・インを想定して、入金までのつなぎ融資をしているのです。金子君がお話しした設備融資の考え方は、的を射ていると思います。設備資金融資は、毎年の減価償却金額を、12か月に分けて返済金額を決めているとも言えますね。また、その返済期間が長期間になりますので、その期間に赤字にならないか、大きな資金流出がないか、などをチェックするために、決算報告書や経営計画、ローカルベンチマーク・ツールなどの情報開示資料の提出を求め、金融機関としては、業績見通しを厳しくチェックします。設備資金融資は長期の融資ですから、設備資金の返済期日までの間に、業績が悪化すれば、毎月の返済もできなくなり、借入期日には完済も難しくなることも予想されます。

　設備資金については、「時間ギャップ充当融資」として、将来のキャッシュ・インまでのつなぎ融資という特徴と、その設備関連の事業が悪化した時は、他の事業の収益によって返済を受ける融資という特徴の、2つの顔を持つものです。短期融資の場合は、キャッシュ・インのつなぎ

融資の返済不可のリスクは少ないものの、設備資金融資は長期融資であり、返済不可のリスクは大きくなります。長期の設備資金融資は、その設備投資に関する事業が悪化した時には、他の事業の収益から補填を受けたり、また、その事業の赤字が大きいときは、企業自体の既存の手元資金を減少させたり、企業の遊休資産などの売却代わり金で返済を行うことも考慮しなければなりません。この遊休資産を現金化して融資の返済に充てること、その確実性を増すために、その返済順位を明確にするために「担保」という制度を金融機関は使うということですね。

金子 高橋先輩、ご説明ありがとうございます。同じ「時間ギャップ充当融資」と言えども、短期のつなぎ融資と長期のつなぎ融資では、金融機関の貸出リスクが異なり、設備資金融資については金融機関の与信管理が厳しくなることは、理解できました。そのような背景があるのかもしれませんが、実際の返済金額は、やはり、金融機関の論理で決められてしまうのですね。金融機関は購入する機械の耐用年数までは、ほとんど融資の返済期間を認めてくれません。返済期日は、金融機関の内部で決めた最長の融資期間の範囲内に収められてしまうのですね。

　私どもは、結局、金融機関の最長の融資期間の範囲内までに融資期間を短縮して、融資を受けることになるのですね。すなわち、毎年の返済金額は、融資期間が短いことから、減価償却金額を大きく上回ってしまい、毎年の定額法による減価償却金額を超えた返済をすることになるということですね。したがって、私の経験では、2～3年経つと、手元資金が圧迫されてしまいます。この点は、借り手としては納得できませんので、期間の延長をお願いすると、金融機関の担当者は、先ほど、お話をいただいた長期間のつなぎ融資のリスクの説明がないまま、「もしも、手元資金が苦しくなったときは、またお貸ししますので、とりあえず、この借入期間で返済をスタートしてみてください」と言われてしまいます。私どもとしては、それ以上に抵抗して、融資自体の実行が拒否されることになっては困りますので、やむなく、了解しています。

山田　私どもも同じです。旅館業のリニューアルの設備投資は、その建物の耐用年数は30年以上あるにもかかわらず、金融機関の設備融資の返済期間は長くて10年に抑え込まれています。これでは、毎月の返済は厳しく、数年後には、手元資金が不足してしまいます。ただし、旅館業の設備資金融資は、リフォームコスト、空調設備、家具調度購入資金など、必ずしも、減価償却を伴う資産ばかりではないので、借入金額や返済期間は必ずしも耐用年数にリンクされることはないと思います。とは言うものの、仮に、設備費用の大半が建物であるならば、建物の耐用年数30年以上を考慮すれば、その返済期間は理論的には20年以上になるものと思われますが、この返済期間は5〜10年に短縮されてしまいます。この設備資金融資は、返済負担が大きく、よほど設備投資後の収益率が高くならなければ、何年か後には、キャッシュ不足になってしまいます。

　私の友人の旅館では、資金不足の都度、メイン銀行から長期借入金で不足の手元資金を補填していましたら、その金融機関の融資の本数が100本を超えてしまったそうです。手元資金はいつもギリギリであり、ベテラン財務担当者が毎月の返済金額算出業務に没頭しなければならない状況であるとのことです。その財務担当者は高齢ですが、この資金繰りは誰もできないことから、定年退職も随分引き延ばされているそうです。金融機関は、融資返済を決める時は、借り手企業の資金繰り事情も十分検討してもらいたいものです。たとえば、融資本数の取りまとめにより、返済金額の調整も必要だと思います。

中田　そのようなお話を聞きますと、設備資金融資は、購入機械や建物など、それぞれの耐用年数ごとに分けて申し込む方が、設備全体を合算して金融機関から言われる返済期間よりも、以後の返済については円滑になるということになりますね。私どもは、建設・造園業ですから、建設重機の耐用年数と車庫用建物の耐用年数は、大きく違いますから、別々に、金融機関に設備資金融資の申込みをするべきなのでしょうか。

三浦　当社も同様なことがあります。運送業と倉庫業を兼務していますの

で、設備資金融資については、今までは、貨物自動車購入資金と倉庫設備関連資金とを一緒に申し込んでいました。これからは、別立てで銀行融資を申し込む方がよいということでしょうか。貨物自動車の耐用年数は３年程度ですが、倉庫設備の耐用年数は約15年と言われていますので、一緒に融資を申し込む場合は、分けて申し込むのも一策ですね。返済期日を貨物自動車の耐用年数の３年に統一されてしまうと、倉庫設備の耐用年数は約15年が配慮されなくなり、毎月の返済金額が大き過ぎることになりますからね。

高橋　確かに、設備資金の融資期間は、購入物件・購入機械などの耐用年数に引っ張られますが、長期与信に対する金融機関サイドの貸出リスク管理の制約も、返済期日の決定要因になるのです。信用力の高い企業と低い企業では、その返済期間に長短の差が出ます。いくら耐用年数が長い設備であっても、企業自身の信用力が低い場合は、融資期間は、一般的には短くなってしまいますね。設備資金融資は、実行から返済までの期間は長期間（１年間超）であり、その間に赤字決算になって手元資金の外部流出が続くようであれば、その融資の返済財源がなくなってしまいます。

　貸し手の金融機関としては、情報開示資料の提出を求め、キャッシュ・インの蓋然性を把握しなければなりません。経営改善計画などの収益見通しやバランスシート（貸借対照表）の資産の時価評価、また自己資本（純資産）の状態によっても、その融資の返済の確実性を把握しなければなりません。また、融資対象になった購入機械や構築物件などの設備投資について、今後の企業への収益寄与度も検討して、その融資金額や期日などの条件も決定していかなければならないということですね。さらに、最近は、ICT化やIoT化、AI化などが進んで、設備の陳腐化も早くなっていますから、必ずしも、減価償却期間までその設備の稼働が約束されているとは言えなくなっていますからね。

佐藤　私どもは卸売業ですから、設備資金に関する固定資産のウェイトは、

メーカーや小売業などに比べれば大きくありませんでしたが、これからは変わってくると思います。最近では、卸売業も、IT化やロジスティック（管理・物流）化また倉庫業務なども本業に取り込むようになり、設備投資も活発化しています。先ほどの場合は、設備の耐用年数の問題で、返済期間や毎月の返済金額に影響するという話となっていますが、私どもの設備投資は、郊外に駐車場を含めた土地とIT化の進んだ倉庫の建物を考えています。土地には減価償却はありませんし、IT化倉庫の減価償却も複雑になっています。このような場合は、やはり、当社の収益予想が、返済日や毎月の返済金額の決定要因になるのでしょうね。

吉村　そうですね。私ども、飲食業の設備投資と言えば、今までは店舗のリニューアルが最も大きなものでしたが、このリニューアルについては、社内のネットワークや性能の良いパソコン・スマホの有効活用を考えると、目に見える設備・什器等のリニューアルばかりではなくなっていますね。このIT化、IoT化に対しては、従業員やパートさんの研修会への出席費用もかなりかかります。また内装の設備部分は、主に地元の工務店に依頼しますが、その他に、いろいろな工事が重なりますので、たくさんの業者が関わり、複雑になっています。設置される設備と言っても減価償却になじまないものも多くなり、工事業者の手間賃や研修費用など、どうしても目に見えない費用もかかり、手元資金が減少し、同時に初年度・2年度などはその負担がかなり大きくなってしまいます。金融機関には、このような事情を良く説明し、今後の当社の売上げ・費用の予想をしっかり立てて、設備融資の金額や返済条件は、その後の当社の全体の収益見通しにリンクするものをお願いするのが筋になるでしょうね。

高橋　吉村さんは、女性社長ということからでしょうか、設備投資に関しても見過ごしてしまうような内容まで突っ込んでフォローされているのですね。まさに、おっしゃる通りだと思います。最近の設備投資は、大きな建物とか、高価な機械というものから、IT化を含めた総合的な投資

内容になっていますので、減価償却の耐用年数に沿った返済期間を重視する方法では通用しなくなっていますね。佐藤君や吉村さんの設備投資とその融資のお話から、この複雑化した状況は理解され、切実な問題であることがわかりますね。一方、IT業界や通信業界では、技術進歩が速く、競争も激しいことから、折角投入した新規設備が、減価償却期間を残したまま、数年で陳腐化してしまうこともありますね。逆に、超長期設備資金融資が必要になることもありますよね。また、金融機関では評価が難しい機械や設備については、リース会社がファイナンスを行うようにもなっていますね。今後は、佐藤君や吉村さんのお話にあったようないろいろな要素を含んだ設備資金融資が、むしろ金融機関のメジャーになるかもしれません。設備投資の対象になる個別の事業の収益予想ではなく、企業全体の収益予想を重視した融資条件の決定が、増えてくるかもしれませんね。

鈴木 そうなりますと、私ども税理士も収益予想の精度を高めなければなりませんね。目下、税理士など専門家が支援している「経営改善計画」などについても、緻密にやらなければならないということですね。今までならば、売上げの予想もコスト削減の見通しも、業界動向や過去のトレンドで決めることが多かったのですが、今後は、商品別、販売先別、地域別の売上げ予想や、仕入先別、購入商品別、担当課別の費用予想を作成して、その積上げで、総合的な経営改善計画を策定しなければならないことになりますね。そうしなければ、従来の企業の収益・コスト予想と、融資を受ける新規設備投資事業の収益・コスト予想を峻別することができず、新規の融資の金額や返済期間も決めにくくなってしまいますからね。従来の企業の収益・コストから最終利益まで固めて、新規設備投資の事業に関する、収益・コストと利益予想を峻別し、その2つを合算した精緻な計画が必要になるということですね。

　私ども税理士が、毎月、企業に訪問する月次訪問や巡回監査についても、財務部門から営業部門・工場部門などにヒアリングの範囲を広げる

必要があるかもしれませんね。また、経営改善計画を金融機関に提出したならば、私どもが企業の各部門のセグメント計画の作成支援を行って、その後のモニタリング報告も受託することが欠かせなくなるかもしれません。とにかく、私ども税理士も収益予想の精度を高め、顧問先や関与先の設備資金融資のバックアップをしなければならないということですね。

金子 しかし、収益が上がらなければ、金融機関から設備資金融資の支援が受けられないという場合は困ってしまいますね。最近では、企業の真の力は、顕在化された財務内容ばかりではなく、企業が行う事業の内容や成長可能性によって評価されることであり、潜在能力も評価の対象になっています。また、ESG投資という、企業を取り巻く「E（環境）、S（社会）、G（企業統治）」への取組みを評価する投資、すなわち、長期的な視野で潜在力を把握するような評価手法の投資が注目されていますね。環境面や社会面また内部管理統制面など、財務面では見えない価値を十分に評価しなければならない投資と言われるものですね。

　たとえば、二酸化炭素の排出量削減、騒音防止の工場窓の二重ガラス化、社内稟議の電子化の実施などは、これらの事業に対する当面の収益は生まれませんし、設備資金融資の返済財源も出て来ません。しかし、企業として、社会貢献や長期的なコスト削減として、どうしても実行しなければならない設備投資であることは確かですから、返済財源は他の事業分野の収益から捻出するものとして、実施しなければなりませんね。その点、中小企業には、難しい課題かもしれませんが、避けて通ることはできないことでもありますね。

三浦 その通りですね。私ども運送業も排ガス規制導入時には、当面の収益が上がりませんでしたが、環境問題に通じる制度案件として、設備資金融資を受け、トラックに排ガス装置を取り付けなければならなくなりました。この融資は、収益による返済財源は出て来ませんでしたが、金融機関に無理を頼んで支援してもらい、排ガス装置を取り付けました。

結局、この融資の元本返済は、当社の大きな資金負担でしたが、このような設備投資は、今後、多くなるものと思われます。もちろん、補助金や助成金また税金優遇なども活用できますが、それらで費用の全額を支援してもらうことはできませんから、地元の金融機関にお世話になることになりますね。

高橋 金子君や三浦君のような長期的な視野に立った設備投資案件については、今後、多くなると思います。大企業や上場企業の場合は、ESG投資ということでエクイティ・ファイナンス（株主資本の投入）の機会はありますが、中小企業の場合は、なかなか、この資金調達は難しいものですね。このような時は、行政のホームページから政策趣旨の情報や補助金・助成金の広報から情報を集め、業界誌からのESG投資の情報などを集めることになり、同時に、企業自身で、これらの情報を取り込んだ経営改善計画の策定を行い、金融機関に提出しながら相談することをお勧めすることになります。このような設備資金融資は、地域金融機関にとっても、金融機関自身のESG情報のS（社会面）の社会貢献・地域貢献に該当し、金融庁や他の行政機関から地域活性化支援として評価されることになりますので、企業としても胸を張って、申し込まれてはいかがでしょうか。

金子 高橋先輩がそうおっしゃっても、金融機関の融資担当の窓口に行きますと、長期融資について、「将来の企業の収益による返済で、5年以内に完済できること」、また、「将来はその企業は絶対に赤字を出さないこと」という不文律があるようですね。まずは、企業自体の収益と返済財源の議論になってしまい、企業群やその企業を囲む地域の活性化につながる融資を行うべきというような、抽象的な要請はなかなか通りませんよね。

高橋 そうかもしれませんね。繰り返しになりますが、従来から、設備資金融資は、投入する設備・機械・建物などに関する減価償却、それらから生まれる付加価値によって、融資の返済金額を決定していましたから

ね。設備投資にかかわる一つの事業、その事業における収益やキャッシュフローを主体に、長期融資の返済金額や期間を決めるのが、今までの設備資金融資の決定要因だったのですよね。まさに、事業重視の融資、プロジェクト・ファイナンスというものでしたね。

　ここでは、もう少し広い範囲の融資を考えているということになりますね。事業の集合体である企業、さらには、その企業の集合体である地域の視点によって、融資を考えるということですね。企業重視の融資であるコーポレート・ファイナンス、地域重視のエリア・ファイナンスと言えるものですね。その点、このような社会貢献・地域貢献への融資や地域活性化への支援融資は、従来の設備資金融資というよりは、もう少し、融資対象の時間と空間を広げた融資ということになり、すべての金融機関の貸出現場の融資担当者にまでは、この視点や考え方はまだ徹底されていないかもしれませんね。その点、これらの考え方は、「長期運転資金融資」のジャンルに入るものとも解釈できますね。「長期運転資金融資」とは、具体的には、「ころがし融資」「経常単名融資」「短期継続融資」「当座貸越」などに毎月の返済を付けた長期融資が典型的なものですが、赤字解消まで金融機関が返済条件を緩和する長期融資もこのジャンルです。

　また、先ほどお話のあったESG投資などは、企業全体の収益・付加価値・キャッシュフローによって返済しますから、従来の「長期運転資金融資」に近いものと言えますね。これは、コーポレート・ファイナンスやエリア・ファイナンスというものであり、従来の個別の事業主体のプロジェクト・ファイナンスに近い「設備資金融資」というよりも、「長期運転資金融資」に近いものと言えます。やや抽象的な「言葉の定義」のお話になってしまいましたが、設備資金融資は、その資金使途である設備投資関連のキャッシュフローで返済していましたが、ESG投資などの設備投資の融資は、企業全体などのキャッシュフローで返済するようになってきたということを、言いたかったのです。とにかく、次回の長期

運転資金融資の勉強会は、ここでお話しした企業全体のコーポレート・ファイナンスや地域重視のエリア・ファイナンスの観点も含めて皆さんと検討していきたいですね。

佐藤 今、高橋先輩から次回の勉強会のテーマのお話が出ましたが、今までの質疑応答の内容を踏まえると、興味のあるテーマのように思われます。仕入資金融資や賞与資金融資は、ともに短期融資でしたが、仕入資金融資は、むしろ、事業重視のプロジェクト・ファイナンスに近いものであり、賞与資金融資は、「社内における余剰資金の積立てとその取崩しが返済財源」と考えれば、企業収益重視のコーポレート・ファイナンスに近いものでしたね。設備資金融資は、長期資金融資ですが、プロジェクト・ファイナンスに近いものであり、次回のテーマの長期運転資金融資は、同じ長期融資であっても、企業収益による返済が中心になる、コーポレート・ファイナンス、さらには、地域貢献などを重視するエリア・ファイナンスに近いものということになりますね。

　確かに、最近の企業の資金ニーズは、従来の事業（プロジェクト）主体の資金ニーズから、企業（コーポレート）主体の資金ニーズに広がり、今後は、ESG投資のような、環境・社会・内部統制に向けた資金ニーズを受け入れるものになってくるということですね。私ども卸売業も、IT化・ロジスティック化・倉庫業務化など、その業務範囲が広がってきますので、まさに、ESGの環境・社会・企業統治の各方面への配慮も必要になりますね。単独の事業というよりも、企業全体や地域の見方も必要になるのですね。二酸化炭素排出や騒音・廃棄物の問題、ハッカーや情報漏洩の問題、雇用創出や子育て支援の問題など、いろいろ考えられますね。次回は、各人が、企業自身の問題からESGの問題まで、また、それぞれの業界の課題などを含めて考えを巡らせ、勉強会に参加していくことにしましょう。

POINT

1 設備資金は、将来のキャッシュ・インまでのつなぎ融資という特徴と、その設備関連の事業が悪化した時は他の事業の収益によって返済を受ける融資という、2つの顔を持つ。

2 設備資金の融資期間は、購入物件・機械などの耐用年数に引っ張られるが、長期与信に対する金融機関サイドの貸出リスク管理の制約も、返済期日の決定要因になる。

3 最近の設備投資はIT化を含めた総合的な投資内容になっているので、減価償却の耐用年数に沿った返済期間を重視する方法では通用しなくなっている。

4 最近の企業の資金ニーズは、従来のプロジェクト主体の資金ニーズから、ESG投資のようなコーポレート主体の資金ニーズに広がりつつある。

4 長期運転資金融資

佐藤　今日は、「長期運転資金融資」について、勉強することになっていますが、「長期運転資金融資」は設備資金融資以外の長期融資というように解釈して、よろしいでしょうか。

高橋　そう解釈していただく方がよいと思います。長期融資について、いろいろな観点で質疑応答をしていきましょう。設備資金融資は、購入する設備が稼働することによって生まれる付加価値と減価償却によって、返済財源を見つけ出し、その返済財源だけでは返済が難しいときには、その企業の他の事業から生じる別の付加価値から返済するという融資でしたが、ここでいう、長期運転資金融資は、その返済財源は、企業のすべての事業から生まれる付加価値が返済財源になりますね。とにかく、まずは、そのような返済財源については気にせずに、長期融資の疑問点を、どんどん質問してください。

佐藤　それでは、かつて私どもの企業が、「ある時払いの催促なし」の「ころがし融資」から、金融機関の一方的な要請で変更させられた「長期運転資金融資」についてお聞きします。これは、十数年前にスタートした融資で、5年間の長期融資でしたが、途中で、リーマンショックがあり、返済を延ばしてもらって、昨年、やっと完済した融資の件です。

　私の会社は卸売業で、仕入資金としてお借りした融資が、その頃は業績が好調であったせいか、返済なしの手形貸出で書替えを繰り返していました。しかし、業績が振るわなくなった時点で、この手形貸出を、「5年間の証書貸出によって肩代わりしてください」との要請がありました。その長期融資の実行に先立って、経営改善計画を作成して、キャッシュフローの算出をしました。この融資を計画のキャッシュフローで返済するには、15年くらいかかりますので、その期間の返済の長期融資をお願いしました。でも、金融機関は本部の指示で、「信用扱いでは、5年以上

の融資はできないので、担保を入れないならば、5年の証書貸出にしてください」と強く言われました。当社にはもう差し入れる担保もありませんし、金融機関との関係を悪化させることはできませんので、その長期融資で「ころがし融資」を肩代わってもらいました。その肩代わり後、すぐにリーマンショックが発生し、金融円滑化法による返済猶予をしばらく受けましたが、3年後に返済を再開して、昨年返済しました。このようなことは、私としては、大変に理不尽なことと思いましたが、高橋先輩のご意見をお聞きしたいと思います。

三浦　私の場合は、当座貸越を借りていましたが、やはり業績が落ち込んで赤字になりまして、枠一杯使っていた当座貸越をクローズして、その借入残高を長期融資に変更されました。倉庫業を始めて、IT機器の購入やITのできる人材の採用、また、新規得意先の増加や運転手の採用などで、それらの資金を当座貸越で賄っていましたが、突然、5年間返済の長期融資に乗り換えられ、現在に至っています。当座貸越は、「ある時払いの催促なし」ですから、返済した金額だけ新たに借入れができますので、助かっていましたが、現在は毎月の返済が、大きな負担になっています。私どもの場合は、佐藤さんのように、経営改善計画によってキャッシュフローを算出することもなく、「毎月100万円の返済で5年間で全額返済することをお願いします」と、金融機関から機械的に言われてしまいました。「もし返済が苦しくなれば、その時は、相談に乗ります」と説得されました。しかし、担当者はすぐに転勤し、後任者に相談しても、「何とか頑張って返済を続けてください」の一点張りです。この長期融資の返済のために、私どもの手元資金は、その後、2,000万円を超える金額が減少していますので、大変困っています。

山田　私どもは旅館業で、リニューアル資金を当座貸越の枠の範囲内で、調達しました。実は、その当座貸越のために、旅館の土地・建物を根抵当権として、担保を差し入れていましたが、この不動産の評価が大きく下がってしまいました。その不動産の評価替えを行ったところ、約

4,000万円分評価が下がっていましたので、4,000万円の長期運転資金融資を実行してもらい、その資金で当座貸越の枠を肩代わりされました。その融資は、毎月100万円で3年間の返済で、期日に500万円の一括返済で、現在でも、何とか、その返済を続けています。その資金捻出のために、私と家内の報酬は合算で、100万円にまで減額しています。

高橋 佐藤君の場合は、継続されていた仕入資金融資が、長期融資に乗り換えられ、毎月の返済が始まったということですね。業績が振るわなくなった時点での金融機関の対応だったということですね。三浦君のケースも、やはり業績が落ち込んで赤字になり、枠一杯使っていた当座貸越から、長期融資に変更されたということで、山田君の場合は、不動産の評価が大きく下がってしまい、評価替えを行って、その評価が下がった分を長期融資に変更されたということですね。これは、3人のケースともに、金融機関の与信管理の強化策として、返済なしの融資を毎月返済付の長期融資に乗り換えられたということですね。この長期融資は毎月の元本の定額返済が付与されますので、おそらく、業績不振で債務者区分が下がってしまった企業の借入れを毎月返済することで、リスクの高い融資残高を圧縮して、貸出債権の健全化を図ろうとしているのです。また、金融機関としては、金融再生法で情報開示を求められている不良債権の金額を漸減される努力も求められているのです。同時に金融機関の引当金の負担も不良債権額が下がれば、軽くなっています。

　このような金融機関内部の与信管理については、そのほとんどが以下の「資産査定・自己査定」というプロセスに反映されていることですので、ざっと説明することにします。

　まず、自己査定においては、借入先企業を、信用力によって、「正常先、要注意先、要管理先、破綻懸念先、実質破綻先、破綻先」の6つの債務者区分で分けています。この信用力の根拠は、「決算書の状況」と「借入金の返済状況」で区分していますが、この他に、決算書の勘定科目の比率などをベースにしたスコアリングシートによる区分もあります。（20ページ参照）

（1）債務者区分の判定

■→ 形式的基準による「債務者区分の判定表」（除く、破綻先E）

決算書の状況			借入金の返済状況						
債務超過	黒字赤字	繰越損失	延滞なし	延滞1か月以上	延滞2か月以上	金利減免条件変更	延滞3か月以上	延滞6か月以上	延滞1年以上
なし	黒字	なし	A	B	B	B'	B'	C	C
なし	黒字	繰損	B	B	B	B'	B'	C	C
なし	赤字	なし	B	B	B	B'	B'	C	D
なし	赤字	繰損	B	B	B	B'	B'	C	D
前期のみ債務超過			B	B	B	C	C	C	D
2期連続債務超過			B	C	C	C	C	D	D

■→ 債務者区分

債務者区分		内　容
正常先	A	業績が良好であり、財務内容にも特段問題のない債務者
要注意先	B	業績低調、延滞など、今後の管理に注意する債務者
要管理先	B'	要注意先のうち、要管理債権のある債務者
破綻懸念先	C	現在、経営破綻の状況にないが、今後、経営破綻が懸念される債務者
実質破綻先	D	法的・形式的な経営破綻の事実はないが、実質的に破綻に陥っている債務者
破綻先	E	法的・形式的な経営破綻の事実が発生している債務者

　次に、それぞれの債務者区分に属する企業の一本一本の借入れ（債務）に対する、金融機関の回収可能性の分類を行うことになっています。たとえば、決済確実な割引手形・短期回収確実なもので、「正常先」「要注意先（要管理先）」ならば、回収においては正常な「非分類」となります。「破綻懸念先」「実質破綻先」「破綻先」ならば、回収に一部非分類である「一部非分類」の債権に分けられます。これが、一般担保・一般保証ならば、「非分類」から「Ⅲ分類」に分けられ、信用部分ならば、「非分類」から「Ⅳ分類」に分けられます。

長期運転資金融資 **4**

（2）債務者区分と債権分類区分の関係

■☞ 債権者区分と資産分類の相関表

債務者区分	決済確実な割引手形 短期回収確実なもの※	優良担保 ・優良保証	評価額と処分可能見込額との差額	一般担保 ・一般保証	評価額と処分可能見込額との差額	信用部分
					資産分類	
正常先	非	非		非		非
要注意先	非	非	Ⅱ	Ⅱ		Ⅱ
破綻懸念先	一部非	非	Ⅲ	Ⅱ	Ⅲ	Ⅲ
実質破綻先	一部非	非	Ⅲ	Ⅱ	Ⅲ	Ⅳ
破綻先	一部非	非	Ⅲ	Ⅱ	Ⅲ	Ⅳ

※　短期回収確実なもの…おおむね1か月以内に回収が確実と認められる貸出金

非　（非分類）正常債権　　　　　　　　　　　　Ⅲ　（第3分類）回収に重大な懸念のある債権

Ⅱ　（第2分類）回収に注意をする債権　　　　　　Ⅳ　（第4分類）回収不能債権

　　さらに、この債権分類区分の融資残高によって、以下の引当率を乗じて、引当金を各金融機関は積み上げることになっています。

■☞ 3大銀行グループの引当率

債権分類	引当率
正常先債権	0.2% 前後
要注意先債権	5.0% 前後
要管理先債権	19.1 〜 27.0%
破綻懸念先債権	59.3 〜 75.9%
破綻先債権	100%

（要管理先債権・破綻懸念先債権・破綻先債権は「不良債権」）

なお、金融検査マニュアルは、平成30年度終了後を目途に廃止することになりました。ただし、この金融検査マニュアルの廃止は、これまでに定着した金融機関の実務を否定するものではなく、金融機関が現実の実務を出発点により良い実務に向けた創意工夫を進めやすくするものです。したがって、各金融機関に定着した従来の自己査定については、大きな変化はないはずです。

当然ながら、この債務者区分、債権分類区分、引当率は、各金融機関が独自の考え方や固有の過去計数を参考にして、決定します。このような、「資産査定・自己査定」のプロセスから、債務者区分から派生して、融資先企業の信用ランキングである「信用格付け」が定着しました。また、債権分類区分から、担保・保証を絡めた回収の可能性が割り出されることになっています。「引当率」は、非回収の可能性、回収の難易度を数値で表しています。現在の金融機関においては、債務者区分、債権分類区分、引当率が、融資先の審査の目線や標準に使われています。

そこで、佐藤君と三浦君のケースは、それぞれの企業の業績が振るわなくなった時点で、取引金融機関は、その債務者区分を要管理先か破綻懸念先に区分して、融資残高を徐々に減額する「長期運転資金融資」に肩代わりしたものと思われます。もしも、そのような肩代わりができない場合は、その金融機関の不良債権や金融再生法の開示債権の水準が高いままになってしまい、また、引当金を積み上げたままになってしまいます。

一方、山田君の場合は、不動産の評価が大きく下がってしまったため、債権分類区分が「回収に重大な懸念のある債権」である「Ⅲ分類」に落ち込んでしまい、引当金負担が高止まりしてしまうことになってしまいます。そのために、融資残高を徐々に減額する「長期運転資金融資」に、肩代わりすることになったものと思われます。

三浦 今の高橋先輩の説明を聞いて、初めて金融機関から「長期運転資金融資」で既存の融資を肩代わる依頼が来たことの背景がよくわかりました。金融機関の「資産査定・自己査定」がその原因であったのですね。実

際は、「金融機関として、御社にこのまま返済のない融資を続けてもら うわけには行きません。本来ならば、直ちに全額返済してもらいたいの ですが、それは非現実的だと思いますので、5年間に何とか全額返済し てください」と言われました。その時は、即、全額返済などできません ので、納得しましたが、高橋先輩のお話で、金融機関の実情がよくわか りました。しかし、金融機関として、我々のような要管理先または破綻 懸念先の不良債権先に、5年間の長期融資をしても良いのでしょうか。 しばらくしたら、急に、全額返済してくださいと、要求してくることは ないのでしょうか。

高橋 その心配はありません。三浦さんも佐藤さんもまた山田さんも、 「長期運転資金融資」を金融機関と正式な金銭消費貸借契約証書で締結し ているのですから、5年間の期限の利益を皆様は持っており、金融機関 からは、原則、期限の利益を喪失されるようなことはありませんので、 安心してください。また、金融機関としても、この「長期運転資金融資」 によって、皆様と分割返済の履行契約を結びましたので、与信管理状況 は高まっているのです。

　分割返済の履行状況から、企業の業績面の実態管理ができるようにな っているのです。元本返済がなく利息だけの支払いよりも、分割返済金 額と利息の合算金額の支払いの方が、毎月の支払金額が大きく、企業業 績の実態把握はより明らかになります。すなわち、継続されていた仕入 資金融資や当座貸越では、融資の元本の返済がありませんから、与信管 理がどうしても手薄になります。しかし、毎月返済は、元利返済金額が 大きくなり与信管理力が高くなったのです。

　中小企業の多くは、業績が悪化してくると、手元資金が不足すること から、毎月返済が続けられなくなったり、毎月の返済金額を減額するこ との相談に金融機関に来ます。長期運転資金融資に変更することで、企 業の与信管理力が高まるということになります。とは言うものの、この 長期運転資金融資への変更は、金融機関の内部管理・与信管理の貸出先

企業への要請事項を一方的に依頼することになります。そのために、企業サイドの手元資金は、返済すればするほど、減少していくことになりますね。金融機関は、主に与信管理として、毎月返済の長期運転資金融資に変更したとしても、逆に、企業サイドとしては、手元資金が徐々に減少していくことになります。まして、佐藤君の会社の場合は、経営改善計画で算出したキャッシュフローを超える金額を毎月返済していくことから、手元の資金は急速に減ってしまいますね。

佐藤 その通りなのです。本当に、手元資金がどんどん減っていってしまい、困ってしまいました。長期運転資金融資の金融機関に行けば、「決められた返済は確実に履行してもらわなければ困ります」と言われ、他行に相談にいけば、「なぜ、この銀行ばかり返済しているのですか。返済した金額を復元してもらうのが筋だと思います」と言われるのです。このような時は、銀行交渉はどのようにするべきなのでしょうか。

高橋 佐藤君は板挟みにあって、苦労したのですね。やはり、この時は、他行に行くのではなく、長期運転資金融資の金融機関に交渉に行くべきですね。手元資金が減ってしまうことの対策は、まずは、企業の債務者区分や格付けの低下を防ぐことです。企業の業績面の実態報告を融資先金融機関に丁寧に行うことです。決算書を表面的に判断して、単に赤字の決算になったことや実態バランスシートで債務超過になったことによって、債務者区分（格付け）を引き下げることも、一部の金融機関では、未だにあるようです。しかし、金融庁は、しっかりした経営改善計画の提出によって、金融機関に債務者区分の引下げをしなくともよいと、ガイドラインで明確に述べています。

山田 私どもの金融機関の担当者は、融資に関する条件変更の交渉をするときに、「金融庁の指導が厳しくてこの条件を皆さんにお願いしているのです」と言っては、金融機関に有利で我々には負担の大きい担保や金利の条件を押し付けてくるのです。しかし、金融庁のガイドラインでは、「しっかりした経営改善計画の提出によって、金融機関に債務者区分の

引下げをしなくともよい」などという、中小企業寄りの指示もしているのですか。

高橋 そうですよ。金融庁のホームページの法令指針等に載っている、「知ってナットク！中小企業の資金調達に役立つ金融検査の知識」をぜひ読んでください。イラストがたくさん使われていて読みやすい冊子です。

　ここでは、金融庁は、金融機関の経営に、直接影響するような例外的な企業以外には、個別企業の与信問題には踏み込まず、中小企業の債務者区分も、債権分類区分も、また債務者区分にリンクした貸倒引当金の積増しについても、金融機関を指導することはありません。これらの判断は、金融機関の内部の問題で、金融機関の自主性に任せられているのです。したがって、企業サイドの実態報告で、企業の債務者区分や引当金負担などについて、金融機関自身の判断でできるようになっているのです。逆に、業績が好転した場合は、その好転の実態と理由を明確にすれば、毎月の返済付与も元に戻すことも可能です。もしも、経営改善計画をすでに提出していたならば、修正した改善計画を作成して、金融機関に提出することで、金融機関が納得してくれれば、融資条件を変更前に戻すことも可能です。このことで、返済条件が是正されることもあります。

　このような既存の借入金に対し、毎月の返済金額を増加させるような、長期運転資金融資の導入は、企業サイドの新しい資金調達ではなく、金融機関の与信管理強化の乗り換えということです。したがって、もともとの融資の資金使途を明確にして、以後の企業全体のマネーフローを明らかにすることで、再度、金融機関が長期運転資金融資の導入を見直すことがあるとも考えられます。とにかく、企業としては、今後のマネーフローの確実性を金融機関に説明することが大切だと思います。

金子 その通りですね。私どもはメーカーですので、融資については、設備融資でも、機械購入もあれば、工場の改修もあり、工具の研修費用もあります。運転資金としては、希少金属の仕入資金や相場変動の大きい

原材料の大量買付け、また、季節的な雇用関連資金など、いろいろな資金使途があります。それぞれの資金ニーズに沿って、融資の返済期間を決めていましたが、リーマンショックなどの場合は、返済財源が減少し、相当な期間、ほとんど返済できない状況になってしまいました。その後、業績が回復し、返済財源も生まれるようになってきましたので、資金使途別に、返済期間を定めて、3種類の長期運転資金融資を受け、多くの融資をその資金で肩代わることにしました。工員の研修資金融資や季節的な雇用資金は、2年返済の長期運転資金融資で肩代わりましたし、工場改修関連資金や原材料の大量仕入資金は、5年返済の長期運転資金融資で肩代わりました。そのほかの機械購入や希少金属仕入資金などは、確か、3年返済の融資で対応しました。複数の金融機関で、返済期間の短縮化の声が出ましたが、肩代わり対象融資の、もともとの資金使途を理由に、長期運転資金の返済期間を納得してもらいました。今から思えば、長期運転資金融資の時に、肩代わり対象融資の資金使途や返済期間を配慮しなければ、あの交渉はまとまらなかったように思われます。やはり、長期運転資金融資においても、資金使途に沿った返済期間がポイントになることを実感しました。

中田　しかし、私どもについては、逆にそれぞれの融資の資金使途や返済期間に配慮していたら、長期運転資金の返済期間がまとまらなかっただろうという経験をしました。私ども建設業の場合は、リーマンショックの時は地獄を見ました。急に需要が縮小し、完成した工事代金の入金も遅くなり、資金繰りが回らなくなってしまいました。一方、経営事項審査（経審）の拘束があって、何とか赤字を出さないようにしなければなりませんでした。もしも、一つでも支援の協力が得られないような金融機関が現れれば、その金融機関の融資を一部でも返済しなければならず、簿価よりも安い価格で、赤字を出してでも、会社の保有資産の売却を行い、返済に充てなければなりませんでした。本当にストレスの溜まる毎日でした。

長期運転資金融資 **4**

　そこで、金融円滑化法の特典を受けることになり、経営改善計画を策定して、十数行ある金融機関に対して、すべて返済猶予をお願いすることになりました。その後３年間、返済猶予をベースにしながらも、３か月に一度のバンクミーティングを繰り返しました。全金融機関の支援体制を崩すことができませんから、毎年の返済金額を徐々に増加しながら、何とかして金融機関の支援を続けてもらいました。そして、４年目に入る時に、将来を見通しても、安定した需要と黒字化が見込めることになり、この時点で、長期運転資金融資を各行にお願いすることになったのです。

　ある金融機関は工事完成ベースで、何本かの短期融資を行っており、別の金融機関には、人材教育や研修期間の中期の融資を行い、また、工事車両や建設機械の購入で長期の融資を行っていました。中には、賞与資金や納税資金の数か月の融資をしている金融機関もありました。このような融資事情において、それぞれの金融機関の融資の資金使途を考えて、長期運転資金融資を何本にも分けてお願いすることは、各行の納得が得られず、不可能であるとの結論になりました。そこで、自社の経営改善計画を策定し、計画から生まれる「税引き後の当期利益と減価償却費を合算したキャッシュフロー」を各金融機関の融資残高で按分して、毎月の返済金額を決めることになりました。確かに、これらの返済金額を決定するバンクミーティングでは、多くの金融機関から不満が出ましたが、何とか、当社の案で了解を得ることができました。このことは、特別のケースに思われましたが、もしも、各金融機関が融資残高按分方式の「残高プロラタ方式」の案を納得してもらえなければ、長期運転資金融資の導入ができないまま、返済猶予を続けなければならなかったと思います。

高橋　中田君のケースは、それで良かったし、うまい対応であったと思いますね。未だに、返済猶予を続けている企業はかなりありますが、中田君の企業のように金融機関調整が可能である、再生中の企業は、少ない

のかもしれませんね。このことは、赤字になってしまった企業が長期運転資金融資の金融機関交渉を行う時にも、役立つかもしれませんね。

三浦 私も、その通りだと思います。私どもも、赤字になって、当座貸越借入残高を、金融機関の指示で長期運転資金融資に肩代わりされ、その毎月の返済で、手元資金が2,000万円超の減少になってしまったと、先ほど、お話ししました。私どもとしては、当座貸越ばかりではなく、他の融資を含めて、すべての融資について無理のない返済にしたいと思いますが、今から交渉することはできるのでしょうか。もし、できるとしたならば、自社の経営改善計画を策定し、そこから生まれるキャッシュフローを算出して、各金融機関の融資残高で按分して、毎月の返済金額を決めるということになりますね。すなわち、中田君の会社のように、各金融機関が融資残高按分方式である「残高プロラタ方式」で、毎月の返済金額を決める長期運転資金融資の導入が可能になるでしょうか。

高橋 理論的には、可能かもしれませんが、実務的には、まず第一に、三浦君の会社の経営改善計画をすべての金融機関に認めてもらわなければなりませんね。具体的に言うならば、何年か後に赤字から黒字になり、そこから生まれるキャッシュフローで、全体の融資が無理なく返済できることをすべての取引金融機関が納得しなければならないということです。また、各金融機関の融資と引当てのバランスが、各行で、極端に不平等になっていないことが必要であり、さらには、メイン行などの金融機関の内諾が得られていることも、前提条件になります。その上で、長期運転資金融資を各行に出してもらって、現在の融資を肩代わる手続きを行うことです。そのプロセスにおいて、どうしても経営改善計画が黒字化しない場合は、転業や廃業の勧告を受けることになりますし、融資・引当てや適用金利のアンバランスがあったり、メイン行の協力が全く得られない場合は、このような交渉は難しくなりますね。

　ということで、今までは、既存の融資に対して、返済条件を変更すること、また融資条件を緩和することなどを目指す「長期運転資金融資」

について、質疑応答をしてきましたが、ご意見もかなり出尽くしてきたと思いますので、このあたりで、新たに金融機関に融資を申し込む、そのような「長期運転資金融資」のご意見や質問を受け付けたいと思います。

山田　そうですね。企業再生に関するお話は、奥が深くて、どんどん専門的なお話になってしまいますので、このあたりは、高橋先輩への個別の質問で対応してもらった方がよいかも知れませんね。ということで、私ども旅館業の最近の動きにかかわる質問をさせてもらいます。私どもの業界は、最近のインバウンド効果で外国の旅行者増加に対して、種々の販売促進策を講じたいと思っています。外国人旅行者向けのホームページやチラシの充実、外国にネットワークを持った旅行社からの外国人団体客の呼び込み工作、外国語の堪能な従業員の採用や外国人接客への研修、地域の観光協会や同業者との外国人向けイベントの開催費用負担やその支援金の提供など、かなりの費用負担が発生しています。

　これらの費用は、前例があまりなく、どのくらいの期間で回収できるか推測することができません。とりあえず、最も早期に回収できた地域となかなか回収ができなかった地域のデータ分析によって、それらの中間を取って、金融機関には3年間の長期運転資金融資の申込みをしました。現在、RESAS（地域経済分析システム）の観光マップや観光庁のホームページのデータを活用して、この事業に関する情報収集をしていますが、金融機関に納得性のある説明をアドバイスいただけませんでしょうか。

吉村　私は飲食業ですが、山田君と同じような、今まではあまりなかったような融資のニーズがあるのです。実は、後継者がいない高齢のオーナーシェフから、盛業中の店舗と顧客リストを、私たちに引き継ぎたいという話です。私の顧問税理士に、この業務の引継ぎについて相談しましたら、M&Aを専門にやっている公認会計士の先生を紹介されました。実際に、その先生を訪問しましたところ、この話の背景も考慮してくれ

て、デューデリジェンス（企業の事業内容、経営実態、経営環境を調査すること）を行い、購入価格までを計算してくれることになりました。まだ、M&Aの購入価格までは具体的には出ていませんが、このM&Aの購入金額と改装費、従業員2名の3か月の人件費の合算金額を、できれば5年くらいで借りたいと思っているのですが、このケースも、「長期運転資金融資」のお話になるわけですよね。

三浦　先ほどから、私ばかり質問して恐縮ですが、運送業として、大きな収益チャンスがあるので、もう一つ質問をさせてください。私どもの街の郊外に工場団地がありますが、近頃、かなりの企業が参入してきました。実は、大手の建材メーカーが当地に工場を新たに作ることになりました。今までは、中国や東南アジアに進出して現地に工場を作っていましたが、最近、中国では「Made in Japan」の製品が求められ、どうしても、また日本国内で生産しなければならなくなったそうです。

　実は、その大手企業の工場長と私が大学時代の友人であり、当社に対する関連会社の部品納入や当社の製品の配達に関するロジスティック（最適物流）システムの提案を出すように言われているのです。もしも、その需要が当社で取れるならば、貨物用車両3台と営業兼運転を行う人材が5人、駐車場付きの倉庫の建設費、また、その倉庫のIT化も必要になります。この提案から正式に注文が来るまでには、半年くらいかかると思いますが、注文を受け付けた場合は、直ちにこのロジスティックシステムの稼働の準備をしなければなりません。当社は、前々期は赤字でしたので、金融機関が、そのような新規の融資を実行してくれるか、不安です。このような状況において、私どもは、金融機関に新規の融資を申し込めるものでしょうか。

高橋　3人のご質問は、中小企業の経営者ならば、誰でも持つ疑問であると思います。ただし、3人とも、金融機関に出向いて、今、お話しされた内容を融資の担当者にしたとしても、長期運転資金融資の承認は下してもらえず、「借入れの金額と期間が固まった時点で、もう一度、申込

みに来てください」と言われるでしょうね。まず、山田君の場合は、インバウンド効果で外国の旅行者が増加した好機を、外国人旅行者向けのホームページやチラシの充実、外国にネットワークを持った旅行社からの外国人団体客の呼び込み工作、外国語の堪能な従業員の採用や外国人接客への研修、地域の観光協会や同業者との外国人向けイベントの開催費用負担やその支援金の提供など、具体的な多くの施策を提案しましたね。その根拠として、RESAS（地域経済分析システム）の観光マップや観光庁のホームページのデータを活用して、この施策の必然性と正当性を述べることもできる旨をお話しされていましたね。

　次に、吉村さんは、後継者がいない高齢のオーナーシェフから、盛業中の店舗と顧客リストを引き継ぐ話を提案し、その手段としてM&Aを専門にやっている公認会計士のデューデリジェンスを通した購入価格の設定まで、かなり突っ込んだ話をされました。これは、融資の必然性と説得性はありますが、金融機関の担当者としては、なかなか動きづらいものがありますね。

　また、三浦君については、大手の建材メーカーの工場が新たに当地に進出し、関連企業が近くの工場団地に参入し、それらの企業に対するロジスティックシステムの提案を出すことになったとのこと、このシステム提案が大手メーカーとその参入企業に受け入れられたならば、この三浦君の借入れニーズは、その工場への部品納入や工場からの製品配達ということで、必然性と正当性に裏付けられることになりますね。とはいうものの、やはり、融資の担当者としては、これでは、なかなか動くことはできませんね。

　このように、山田君や吉村さん、そして三浦君の長期運転資金融資の根拠は納得性はありますが、金融機関の融資担当者は、長期運転資金融資の実行を決定する実権者ではありません。このような説明では、金融機関の担当者が融資の支援を行うことができるか否かを、融資申込者である皆様に、伝えられるかと言えば、これは難しいと言わざるを得ませ

んね。

佐藤　そうですね。私ども卸売業は、よく銀行に融資申込みに行きますが、その時は、具体的に「100万円を3か月間貸してください」などと、数字を示して申し込みますね。山田君、吉村さん、三浦君も、実際に、借入金額を示して融資申込みをしなければ、金融機関は融資の承認をしてくれないと思いますよ。しかし、私どもとしても、販売力強化のために、広告宣伝や販売人材の確保また後継者のいない企業のM&Aなどの、長期運転資金融資の需要が生じたときには、金融機関から、ある程度の資金支援の了解が得られないならば、これらの企画に対して、動くことはできませんね。当座貸越や既存融資の長期返済の付与としての長期運転資金融資ならば、総貸出残高の増加がありませんので、その長期運転資金融資の申込みができるのですが、新規の長期運転資金融資の場合は、借入残高の増加が伴いますから、金融機関も容易に結論を出すことは難しいのでしょうね。高橋先輩、これらの新規の長期運転資金融資の場合は、どのように考えるべきなのでしょうか。

高橋　実は、佐藤君のご指摘の通りだと思います。経営者にとっては、企業の外部環境や内部環境、過去のバランスシートや損益計算書の動向を十分考えながら、自らが企てた成長シナリオを自信を持って策定しますが、これは、当然に融資が認められる自社の理想像であると思います。しかし、このシナリオを、借入金額や期日・返済方法の具体的な数字などに落とし込んだ場合、金融機関内部で持っている、独自の内部管理面の与信の限界値(支店長裁量値や審査部長権限値)に抵触することが多々あると思います。新規の長期運転資金融資の金額を含めた借入総残高が、支店長の持つ権限（支店長裁量）の範囲を突き出た場合、また、この融資の期日・返済方法が、やはり支店長裁量範囲からはみ出た場合は、金融機関の現場の担当者としては、直ちに、この融資に向けた行動を取ることはできません。

　　一般的には、その範囲内に収めるように、融資を申し込んで来た取引

先を説得することになります。または、その融資申込みを即座に謝絶しないで、了解しないまま、取引先が別の行動に出ることを期待することもあります。それは、他行に同額・同期間の融資を申込みに行くことなのか、また、金額を削減し期間を短縮して再度申込みに来てもらうことか、そのまま融資自体を断念してもらうことか、ということなどを見守ることなのです。

そのような過程を経て、もし当初の通りの金額や期日で、何回かその取引先が申込みに来る場合は、その申請の必然性や正当性について、この融資担当者は再度検討を行うことが多いようです。もちろん、この段階で、上司に口頭で打診をする担当者もいますが、一般的ではないかもしれません。そして、この取引先からの申請が納得できるならば、融資担当者は上司である支店長、さらに上司となる本部の審査部長に承認を求めることになります。この融資担当者は、支店長には、本部の審査部長に稟議書を上げることの内諾を取ってから、稟議書を作成して、支店長を経由して本部に稟議書を上げることになります。次ページの図をご覧ください。

すなわち、支店の融資担当者としては、取引先の申し出を検討し、自分が納得した後に、支店長に内諾を得て、自ら稟議書を作成して、本部に稟議書を提出して、審査役や次長を経由して審査部長の承認を取るということになるのです。その間、支店の中においては、担当者と支店長の間のポストに座る融資（貸付）課長や副支店長の了解も得ることになります。この了解を得るためには、その融資担当者は、「借入総残高が支店長の持つ権限（裁量権限）の範囲を突き出て、融資の期日・返済方法が支店長の権限範囲をはみ出たとしても、その融資を実行させたい」という理由を明確に稟議書に記載しなければなりません。稟議書を作成して、上司に了解を得て、本部の審査部長から承認を取るためには、まずは、融資の金額と期日の必然性と正当性を明確にするということが欠かせません。このことから、金融機関の意思決定が稟議書という書類を

■☞ 銀行・信用金庫・信用組合の組織のイメージと貸出案件の決定フロー

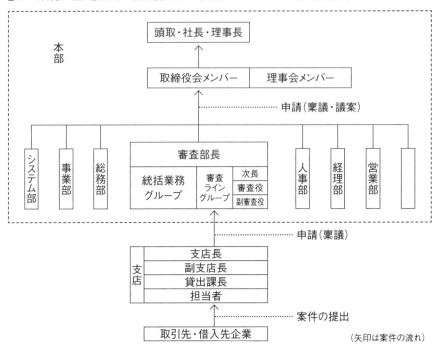

通して行われる金融機関内部の現実を考慮するならば、長期運転資金融資においても、少なくとも、融資の金額と期日だけは、具体的に数値化しなければならないということになりますね。

金子 金融機関への融資の申込みについて、「融資金額や返済期日、返済方法、資金使途」については明確にしなければならないと高橋先輩は言われていましたが、特に、「融資金額や返済期日」については、支店長の融資権限の問題と金融機関内部の稟議書の主要テーマになることから、重要項目であることがわかりました。私どもメーカーも、工場の騒音防止や安全管理の設備投資を行う場合、直接、収益貢献につながらないために、この設備投資融資などの返済期間が固まらず、曖昧な返済期日のまま、融資の申込みをすることがありました。このように融資金額や返

済期日などを曖昧なままにして、金融機関に融資の申込みを行うことは、これからは、気を付けなければならないと思いました。ということで、山田君、吉村さん、三浦君も、今回の長期運転資金の融資申込みについては、注意が必要になるということですね。

高橋　金子君の言う通りですね。したがって、山田君の場合は、「①外国人旅行者向けのホームページやチラシの作成コスト、②旅行社からの外国人団体客の呼び込み工作コスト、③外国語の堪能な従業員の採用や外国人接客への研修コスト、④地域の観光協会や同業者との外国人向けイベントの開催コストや支援金」などの合計金額を明確に示さなければなりませんし、この金額を予想キャッシュフローに沿った返済期間で、完済しなければなりませんね。吉村さんの場合は、「公認会計士が行うデューデリジェンスを通した購入価格や、M&A後の改装費、また、従業員2名の3か月の人件費の合算金額」などの全体の合計金額を算出し、できれば5年くらいで完済できる提案を作成する必要がありますね。三浦君の場合も、「貨物用車両3台と営業兼運転を行う人材が5人、駐車場付きの倉庫の建設費また、その倉庫のIT化」のそれぞれのコストの合計金額と、十分に練ったキャッシュフローに沿った返済期間を提案するべきであるということですね。ただし、「駐車場付きの倉庫の建設費」は金額も嵩みますから、これは別途、設備資金融資で申し込む方が良いとも考えられます。

　なお、三浦君は、会社が前々期に赤字であったことを悩んでいたようでしたが、今後作成する経営改善計画については、保守的な見方の売上げ予想と組織改革等を絡めた総合的な費用削減方針を採るべきであると思います。今後、いつから黒字になり、その間、赤字による外部流出資金がどのくらいの金額になるのかを算出して、既存の融資や新規の融資の返済に支障がないということを十分に検討することが大切だと思います。これらの課題を解決できれば、おそらく、金融機関は支援をしてくれるものと思います。また、金融機関に提出した経営改善計画に沿って

策定された、企業内部の各部署のセグメント計画に対するモニタリング報告は、必ず励行するべきだと思います。

　以下に経営改善計画の策定プロセスと、その計画書のサンプルの一部を載せますのでご参考にしてください。ただし、ここまで精緻な計画は、金融機関も求めないかもしれませんが、企業自体の各組織・各部署が、計画に基づいて動き、各セクションがモニタリングで、業務実績の進捗をチェックすることができるならば、以下のポイントは外せないと思います。

経営改善計画は、「経営理念・ビジョンを固めてから策定すべし」と言われていました。しかし、金融機関に提出する計画は、長期にわたるキャッシュフローの数値を算出するもので、このキャッシュフローから、返済財源を割り出して、円滑な返済計画を策定してもらうものです。また、企業自体の活力を高め活性化するためには、全体計画と整合性のある各部署のセグメント計画の策定が必要です（できれば、組織改革後の部署のセグメント計画が望ましい）。

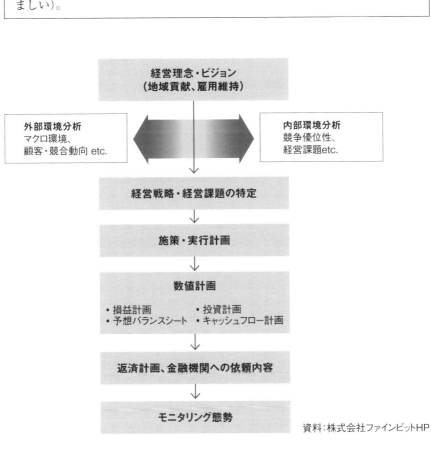

資料：株式会社ファインビットHP

中小企業庁のホームページ、平成 25 年 12 月 13 日の「経営改善計画の事例サンプル A」の 4 ページ目で、金融機関向けの経営改善計画の「計数計画・具体的な施策」とその施策内容の記入例。

経営改善計画書のサンプル【原則版】　　認定支援機関作成支援⇒社長検証

≪計数計画・具体的な施策≫

数値計画の概要

（単位：千円）

	実績-2 平成23年9月期	実績-1 平成24年9月期	計画0年目 平成25年9月期	計画1年目 平成26年9月期	計画2年目 平成27年9月期	計画3年目 平成28年9月期	計画4年目 平成29年9月期	計画5年目 平成30年9月期
売上高	350,300	322,243	338,077	144,981	152,230	159,841	159,841	159,841
営業利益	38,562	27,165	▲34,526	▲34,526	▲7,801	6,173	11,532	12,499
経常利益	44,966	23,032	25,761	▲10,980	▲1,243	4,462	9,177	10,428
当期利益	32,762	23,251	▲25,851	▲24,880	▲1,297	4,408	9,177	10,374
減価償却費	27,832	36,525	28,434	18,454	15,950	13,609	12,320	11,002
借入金のCF（経常利益＋減価償却費－法人税等）A	61,304	13,374	2,619	7,420	14,653	18,017	21,437	21,375
金融機関借入残高	81,514	13,261	53,986	46,197	51,170	57,358	64,969	69,201
運転資金相当額	238,361	361,137	352,527	333,858	323,309	310,891	296,006	278,010
運転資金返済原資 B	48,329	13,911	5,533	6,096	6,439	6,800	6,803	6,803
差引返済可能残高 A-B	108,518	307,065	293,008	281,566	265,700	246,734	224,235	202,006
CF改善率	1.8	111.9	23.0	18.1	13.7	10.5		9.5
実質純資産額	51,563	28,312	2,497	▲2,383	▲23,680	▲19,272	▲10,154	219
		12,158	13,657	▲24,691	▲25,987	▲21,579	▲12,462	▲2,088
中小企業特性反映後実質純資産額		17,158	▲8,657	▲19,691	▲20,987	▲16,579	▲7,462	▲2,912

（注）計画3年目に経営基準としている。計画5年目に中小企業特性反映後実質純資産額を算出し、その時点の不足額を算出し、5億2千400万=10億となっている。

社長作成

具体的な施策

	項目	課題	実施時期	具体的な内容
1	事業体制の強化	顧客別予実管理	平成25年4月～	既存顧客へのフォローアップ頻度増やす。自動車以外の工作機械メーカー等への新規顧客による新規需要の獲得を目指す。営業行動管理シートを作成し、顧客情報、需要情報、営業方針・営業戦略、月次売上目標を記載していくらい、最新顧客別の予実管理を行うとともに、フィードバックできる体制を構築する。
		定例会議の開催	平成25年4月～	これまでは事業担当者の情報共有が行われていなかったため、月次売上目標の進捗状況に営業会議を開催します。各営業担当から営業行動管理シートをもとに記載した営業戦略や売上目標、進捗度合を各施策について発表してもらいます。参加者全員でその内容について協議するとともに、成功例や失敗例を共有して営業力の向上を図ります。
2	経費削減	役員報酬の削減（実施済み）	平成24年9月	この度の業績悪化に関する経営責任として、取締役3名の役員報酬を各人の生活に必要な金額まで削減します。（平成24年9月実施済み）
				省略する
2	旧工場の処分	滞留代金の弁済	平成26年9月期中	滞留代金については担保権者である金融機関に対して返済を行い、支払利息の圧縮を図ります。

社長作成

経営改善計画に関する説明事項

対象会社	弊社はこのたび、財務体質の抜本的な改善を図るべく本事業計画の立案を図るべく事業面を策定いたしました。弊社では、本計画に基づき、金融機関様のご支援のもと、社長・従業員が一丸となって事業再生を進める所存でございます。このような事業計画の策定にあたり、金融機関様には多大なご支援をお願いしますが、本計画についてご理解を賜りたくお願い申し上げます。
主要債権者	甲株式会社より本事業計画への取り組み内容を示され、経営改善に向けた真摯な誠実なる取り組みを認識ある取り組みを認識した。経営改善計画への誠実なる取り組みを認識し、本計画に記載された条件にて、金融支援を行います。

経営計画策定には、売上げ向上と費用の削減が重要になりますが、抜本的な費用削減には「組織改革」が根本施策と言われています。その後、新組織における各部署のセグメント計画の策定が、その後のモニタリング管理のポイントになります。

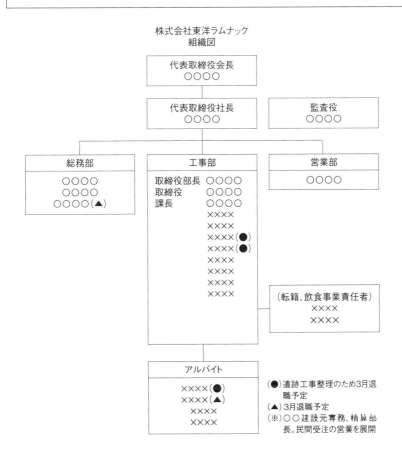

■☞ 経営改善計画実行のための新組織の部門ごとのセグメント計画（例）

工事部 　　　　　　　　　　　　　　　　　　　　　　　　　　　　　　　　　　　　　　単位：円

勘定科目名	H30.8.31	比率	H31.8.31	比率	H32.8.31	比率
完成工事高	905,735,216	87.46	867,112,129	86.39	1,021,892,895	87.16
不動産売上高	0	0.00	0	0.00	0	0.00
兼業売上高	129,941,908	12.55	137,132,343	13.66	150,494,828	12.84
レストラン売上	0	0.00	0	0.00	0	0.00
売上値引・戻り高（△）	19,000	0.00	538,103	0.05	10,953	0.00
売上高	1,035,658,124	100.00	1,003,706,369	100.00	1,172,376,770	100.00
期首棚卸高	0	0.00	23,719	0.00	0	0.00
不動産仕入高	0	0.00	0	0.00	0	0.00
レストラン仕入高	0	0.00	0	0.00	0	0.00
仕入値引・戻し高（△）	0	0.00	0	0.00	0	0.00
当期完成工事原価	730,006,367	70.49	733,015,907	73.03	938,313,996	80.04

中田　なるほど、長期運転資金融資は、将来に向けた大きなプロジェクトや、M&A、地域活性化施策など、設備投資、人材投資、物件投資、また広告宣伝費、IT化などを含めた総合戦略ということになるのですね。その戦略から、個々の事業の必要経費やそのキャッシュフローを算出することはなかなか難しいことだと思います。私ども建設業者は、常に複数の工事現場を持っており、その工事現場ごとに、投入コストと出来高収入の計算をしていますが、それらの工事現場の数値をまとめることは実際難しいことですね。これらの長期運転資金融資の資金ニーズやキャッシュ入金についてはもっと厄介なことにも思われますね。

高橋　確かに、長期運転資金融資に関する資金ニーズやその後のキャッシュ入金からの返済期日の設定は、難しいものがありますね。この融資申込みの個別事業の数値は、一般的にはなかなか固まらず、どうしても概数となっていることが想定されます。このような場合は、各金融機関に「事前稟議制度」や「内伺い制度」という、将来の融資方針・概要の事前確認制度または内諾制度があります。それぞれの金融機関に相談して、これらの制度を利用されることをお勧めします。

今後については、RESASや経済センサスなどのビッグデータや、ローカルベンチマークなどのAIツールが充実し、行政サイドも「各市町村のまち・ひと・しごと創生総合戦略」におけるデータ分析や施策紹介も公開されるようになっています。これらのデータを有効活用して、各企業とも長期のプロジェクトを企画することが多くなり、長期運転資金融資のニーズも高まるものと思います。特に、大企業や上場企業については、直ちに収益として顕在化しない「環境面・社会面・内部統制面」のESG投資が、コーポレートガバナンス・コードやスチュワードシップ・コードに組み入れられ、経営の意思決定の大きなファクターになると思います。中小企業においての、ESG投資と言えば、ここで学んだ「地域社会への貢献」となる「長期運転資金融資」による資金調達が、主な役割を演じることになると思われます。

　次回は、返済のない融資である「短期継続融資」「資本性借入金」についての勉強会をいたしますが、これらの融資も、「地域社会への貢献」に寄与する融資に該当するものが多いと思われます。

鈴木　今回の長期借入金については、短期継続融資（コロガシ融資）や当座貸越の残高を徐々に削減する手段や、総借入金の返済に向けた手段について、高橋先輩を中心に、皆様と質疑応答を行ってきましたが、次回は、返済を伴わない「短期継続融資」や「資本性借入金」について質疑をすることになります。この2つの融資は、金融庁から新しい融資施策として公表され、ホームページに常に掲載されています。しかし、この2つの融資はともに、各企業の借入残高を増加させる新規融資には、未だに活用されていませんでしたので、多くの中小企業や税理士の方々にも、認知されているとは言えません。とはいっても、これらの融資は、直接、中小企業によって、金融機関に申し込むことを勧奨されている融資です。これらの新規融資は、金融庁のホームページに掲載されているほか、商工会・商工会議所また税務署のロビーなどにその小冊子が置かれ、広報活動を行っていますから、徐々にではあっても、確実に広がっ

ていくものと思われます。

　そこで、次回の「短期継続融資」や「資本性借入金」の勉強会に先立ちまして、金融庁のホームページで、「知ってナットク！」の「短期継続融資」と「資本性借入金」を一読していただきたいと思います。私ども税理士は、この「知ってナットク！」の小冊子が、行政機関や公共施設に置かれていることから、顧問先などに詳しく説明しなければなりませんので、すでに、勉強されている先生もかなり多いと思います。では、次回は、皆様におかれましては、これらの「知ってナットク！」をご一読して、ご質問の準備をしていただきたいと思います。

POINT

1. 手元資金が減ってしまうことの対策は、まずは、企業の債務者区分や格付けの低下を防ぐこと、業績面の実態報告を融資先の金融機関に丁寧に行うこと。

2. 今まではあまりなかったような「長期運転資金融資」のニーズが増えている。

3. 融資総残高、融資の期日・返済方法が支店長の持つ権限の範囲をはみ出たとしても、融資を実行するべきと思う担当者は「その融資を実行させたい」という理由を明確に、具体的に数値化して稟議書に記載しなければならない。

5 短期継続融資と資本性借入金 （エクイティ・ファイナンス）

鈴木：皆様は、前回の勉強会の最後にお願いいたしました「知ってナット
　　ク！」をご一読されましたか。今日はその内容についてのご質問から、
　　勉強会をスタートしていきたいと思います。

知ってナットク！
中小企業の資金調達に役立つ金融検査の知識

目次

金融検査とは・・1

金融機関が金融検査を理由に貸出を断ることはありません・・・・・・・・・・・・・・・・・・2

資産査定に係る検査手法の見直し・・・・・・・・・・・・・・・・・・・・・・・・・・・・・・・・・・・3

金融検査マニュアルとは・・・4

事業性評価に基づく融資の促進・・・・・・・・・・・・・・・・・・・・・・・・・・・・・・・・・・・・6

〔金融検査マニュアル別冊〔中小企業融資編〕の内容〕

POINT　1　中小企業と大企業は異なる扱い・・・・・・・・・・・・・・・・・・・・・・・・・・・7

POINT　2　経営者と企業の一体性を踏まえた判断・・・・・・・・・・・・・・・・・・・・・・8

POINT　3　技術力と販売力・・・・・・・・・・・・・・・・・・・・・・・・・・・・・・・・・・・・・9

POINT　4　経営者と経営努力・・・・・・・・・・・・・・・・・・・・・・・・・・・・・・・・・・10

POINT　5　経営改善に向けた取組みを高く評価・・・・・・・・・・・・・・・・・・・・・・・11

トピック　1　「資本性借入金」について・・・・・・・・・・・・・・・・・・・・・・・・・・・・・・12

トピック　2　ABL（動産・売掛金担保融資）について・・・・・・・・・・・・・・・・・・・・・14

トピック　3　「短期継続融資」について・・・・・・・・・・・・・・・・・・・・・・・・・・・・・・16

95

5-1 短期継続融資

佐藤 鈴木先輩から、前回「知ってナットク！」を一読するようにと言われ、早速、読んでみました。この小冊子には、新しい概念がわかりやすく書かれ、簡単なチラシですが、なかなか読みごたえのあるものでした。確かに、短期継続融資が広がり、一般的な融資として受け入れられることになれば、実に有難いことですね。私ども卸売業は、常に商品を仕入れ、在庫を経由して、販売を行っていますので、正常運転資金（＝売掛債権＋在庫－買掛債務）を短期継続融資によって、安定して借り入れることができれば、資金繰り上、かなり安心感が高まります。取引先の商品注文量、売掛金の資金化、在庫量の増減、倉庫の空き状況、仕入先の商品手配、仕入価格の変動などによって、この正常運転資金は常に変動しています。短期継続資金を、一度、返済したならば、次にいくら借入れができるかわからないということであった場合は、安心して営業活動に注力できませんね。また、前期の業績によって、直ちに短期継続融資の金額が減少させられるということも、営業活動にマイナスになってしまいますね。

吉村 佐藤君の言うことはよくわかります。金融機関の融資については、急な変更は困ってしまいますよね。同額継続を見込んでいたら、急に減額されたり、毎月の返済金額を急に増額されたならば、経営者としては頭が真っ白になるかもしれませんよね。売上げの増加や減少については、販売先の注文量や価格の変動、仕入先の商品在庫状況や価格の変動などで、常に変化を想定していますが、金融機関については、当社の支援者と思っていますので、急な金額の変動は、結構ショックを受けますよね。

佐藤 吉村さんのおっしゃる通りですね。「知ってナットク！」の「事例10」の場合も、売上げが急落しても、Ｊ社は前々期と同額の短期継続融資の書換えを金融機関にしてもらったから、その後の売上増加につながったものだと思います。もしも、融資金額を減額された場合は、その資金繰りに奔走して、営業活動などできなかったかもしれませんね。本当

短期継続融資と資本性借入金（エクイティ・ファイナンス） 5

「短期継続融資」活用のメリット

無担保・無保証の短期融資で、借り手企業の資金ニーズに応需し、書き替え時には、借り手企業の業況や実態を適切に把握してその継続の是非を判断するため、金融機関の目利き力を発揮するための融資の一手法となり得ます。

 事例10 組立て式家具の製造・卸売業者Ｊ社のケース

- ☹ アジア製の廉価品に押され、前期決算では売上げ高が前々期比40％減程度まで落ち込んでおり、決算書上の数値から機械的に算出される正常運転資金は大幅に減少している。

- ☺ 廉価品に比べたＪ社の製品の質の良さが見直され、今期は前々期並の売上を確保できる見通し。

- ☺ Ｋ銀行は、Ｊ社から提出された直近の試算表や、今期の業績予想、資金繰り表、受注状況を示す注文書を確認・検証し、Ｊ社の製造現場や倉庫の状況及びホームセンターの販売状況を調査し、Ｊ社の製品に優位性が認められることが確認できた。

- ☺ 正常運転資金の算出については、債務者の業況や実態の的確な把握と、それに基づく今後の見通しや、足元の企業活動に伴うキャッシュフローの実態にも留意した検討が必要。

以上のことから、Ｊ社に前々期と同額の短期継続融資の書替えを実行しても、正常運転資金の範囲内として、貸出条件緩和債権には該当しないものと考えられます。

に同額継続は有難いものだと思います。昔は、この借入れ資金を、短期金利で同額の手形の切替えを行うだけで機械的に実行されていたようですが、このことによって、資本金のように安心して取り扱うことができたと聞いていますね。なぜ、この資金に返済が付けられるようになったのでしょうか。

金子 借入金のうち、手形書替えだけで返済を気にしなくても良いとなれば、実に有難いことであると思います。多くの中小企業においては、複数の金融機関から融資を受けていますので、ある一つの金融機関の融資

が返済になると、別の金融機関まで連鎖して、さらに返済を要求されることがあります。返済の連鎖に陥るリスクがあり、こうなると、資金繰りが急に苦しくなってしまうことも考えられますね。とにかく、融資を急に返済させられることは、返済連鎖で本当に資金繰りを痛めてしまいますので、この短期継続融資で安定して借りられることは有難いことですね。

高橋　確かに、返済なしの仕入資金融資、ころがし融資、経常単名融資というものは、借り手中小企業にとっては、安心できる重宝な融資ですね。「返済なし」「返済期限を定めない」ということで、以後に詳しく述べる「資本性借入金」とともに、この「短期継続融資」は、エクイティ・ファイナンスのジャンルに入れています。これらの融資は自己資本が増加するように、財務体質を強固にする意味もあります。日本の中小企業は、かつて、「自己資本比率が低く、経営の安定性で問題がある」と言われていましたが、「この返済なしの短期継続融資（経常単名融資・ころがし融資）が自己資本の代わりになるので、実質、安定性では問題ない」と抗弁されていました。しかし、2000年頃以降、金融機関に不良債権問題が発生しますと、各金融機関とも、この融資に返済を付与することになりました。この融資は担保なし・返済なしの融資ですから、業績が低下すると、リスクの大きい信用貸出残高が急増すると見られたのです。金融検査マニュアルは、取引先が破綻懸念先以下の債務者区分先に落ち込んだ場合は、この融資に約70％を超える引当金を積み上げるような指導が金融機関にありました。

　銀行員は、バブル崩壊後、この担保なしの信用貸出には保守的な対応を採るように教育されていましたので、金融検査マニュアルのこのガイドラインを直ちに実行に移しました。数年後には、この融資や当座貸越は、中小企業の融資メニューから消えて行ってしまいました。その後、リーマンショックを経て、金融円滑化法が施行され、返済猶予融資が急増し、もう一度、この返済なしの短期継続融資が求められるようになっ

たのです。財務体質の強化のために、自己資本・純資産の位置付けが見直され、安定資金のニーズが高まってきたのです。そこで、金融庁も「知ってナットク！」に載せられているように、平成27年1月20日からこの貸出・短期継続融資の復活を認めることになりました。しかし、金融機関の融資担当者は、その後も、金融検査マニュアルのガイドラインに拘束されているのでしょうか、信用貸出の厳しい管理を警戒してなのか、未だに、この融資を積極的に推進しているとは言えませんね。

山田 そうですね。私どもは旅館業であり、卸・小売業でも製造業でもありませんが、この融資、すなわち正常運転資金の融資について、金融機関に適用を依頼したことがあります。この正常運転資金は営業活動における立替え資金のことですから、卸売業・小売業・製造業ばかりではなく、我々旅館業にもこの立替え資金はあるのです。食材の仕入れは、地元の農業・水産業の皆様から調達しますから現金仕入れが大半ですが、宿泊客はクレジット支払いが多くなり、団体客の旅行社からの後日一括支払いも増えており、かなりの立替え資金の負担が常に発生しています。これらの資金負担は、短期継続融資として支援してもらいたいものですね。考え方は同じですからね。

高橋 なるほどね。「恒常的に必要と認められる立替え資金（＝正常運転資金）」と解釈できますが、これを、「短期継続融資」と言い切ることは、少し難しいかもしれませんね。旅館業の仕入債務と売上債権は、金融機関として、必ずしも、卸・小売・製造業の正常な運転資金と認めないかもしれませんね。金融検査マニュアルの自己査定（別表1）の「1．債権の分類方法」の「（6）分類対象外債権」には、次ページの記載があります。ここでは、「一般的に、卸・小売業、製造業の場合の正常な運転資金の……」という記載がありますので、保守的な銀行員は、なかなか、卸・小売・製造業以外の正常な運転資金を正常運転資金と認めないかもしれません。しかし、近々、金融検査マニュアルが廃止され、「事業性評価融資」の考え方が広がれば、山田君のおっしゃる資金立替え負担への融

分類の対象としない債権は次のとおりとする。

②　債務者区分が破綻懸念先、実質破綻先及び破綻先に対する
運転資金は、自己査定上は正常な運転資金として取り扱わない。な
お、要注意先に対する運転資金であっても、自己査定上は全ての
要注意先に対して正常な運転資金が認められるものではなく、債務
者の状況等により個別に判断する必要があることに留意する。

　　　一般的に、卸・小売業、製造業の場合の正常な運転資金の算
定式は以下のとおりであるが、算出に当たっては、売掛金又は受取
手形の中の回収不能額、棚卸資産の中の不良在庫に対する貸出
金は正常な運転資金とは認められないことから、これらの金額に相
当する額を控除の上、算出することとする。
　　正常な運転資金
　　＝ 売上債権［売掛金＋受取手形（割引手形を除く）］
　　　　＋棚卸資産（通常の在庫商品であって不良在庫は除く）
　　　　－仕入債務［買掛金＋支払手形（設備支手は除く）］
　　複数の金融機関が運転資金を融資している場合には、被検査
金融機関の融資シェアを乗じて算出する。
（注）「正常な運転資金」とは、正常な営業を行っていく上で恒常的
　　に必要と認められる運転資金である。

資も、短期継続融資として認められることになると思います。これから
は、山田君のような旅館業の資金負担も「短期継続融資」として扱うこ
とになっていくことになると思います。

中田　それは、金融機関に保守的な解釈をされたならば難しいことかもし
れませんが、このような立替え資金を「短期継続融資」として返済なし
の融資として扱ってもらえれば有難いですね。私ども、建設業は、先に
述べたように、かなり恒常的な立替え資金ニーズがあります。最近また
話題になっているコンパクトシティ関連の建設資金やM&A、それに喫
緊な課題である地域活性化施策などを手掛けるようになると、従来の工
事立替え資金の資金ニーズから、設備投資、人材投資、物件投資、広告
宣伝費、IT関連費用など、常に、それらの事業の立替え資金負担が発生
します。それらのいつでも残ってしまう根雪のような滞留資金部分、す

なわち、根雪部分を明確にできれば、返済なしの短期継続融資が可能になると思いますので、これは有難いことですね。

高橋 そうですね。中田君のおっしゃることはわかります。現在では、「資本性借入金」の概念を金融庁も推進していますので、「返済なしの融資」を卸・小売・製造業以外の業種にも広げることができるようになると思いますね。

吉村 私ども飲食業も中田君と同じような、融資のニーズがあるのですよ。実は、後継者がいないオーナーシェフから店舗の引継ぎを受ける場合、そのシェフに対して、M&A支払資金を何年かかけて分割払いすることを考えています。また、私どもがやっている経営形態や店舗様式で、自分の店を運営したいというフランチャイズの資金ニーズもあります。開店当初から当社のブランド力・運営ノウハウ・品揃え力などを活用したいという創業者には、当社の看板や実績のあるサービス・メニューを使う権利を与えて、当社は、その対価を受け取るというフランチャイズの仕組みを考えています。このシステムを採用する時は、フランチャイジーが順調な経営ができるまで、フランチャイザーの当社がイニシャルコストを負担することがあります。

　さらに、近隣の介護施設や病院からも、定期的な宅配注文が出てきています。宅配兼営業担当者の採用も考えています。これらの場合には、効率的合理的経営を図るために、IT投資もあり、この資金負担も嵩みますので、これらに対する資金ニーズも発生します。常に、新しい事業を行うには、新事業への立替え資金や前払い投資のニーズが生じますので、これらには、どうしても資金負担が伴います。そして、この資金負担は、常に生じる根雪部分と短期的な資金ニーズがありますので、根雪部分は返済なしの短期継続融資で賄いたいと思います。金融機関から支援してもらえれば、これは有難いですね。

三浦 私ども運送業としても、最近では、周辺業務に大きな収益チャンスが生まれるようになっています。郊外の工場団地に進出した企業に対し

て、製品ばかりではなく、季節ニーズのある設備機器の預かり業務を私どもの倉庫で行うようになりました。また、大手の建材メーカーに対しては、私どもの貿易部門で、通関業務の受託を行い、同じく倉庫の空スペースを活用して簡単な電気製品組立ての受託まで引き受けるようになりました。このような倉庫業務や通関業務また組立て業務は、徐々に拡大しており、常に前払い・立替えの資金負担が発生しています。これらの恒常的に生じる資金負担の根雪部分を、返済なしの短期継続融資で金融機関から貸してもらうことができれば有難いのですがね……。

高橋　中田君、吉村さん、三浦君の経営する企業における、業務開発や事業拡大の工夫には頭が下がりますね。このような資金は、返済なしの短期継続融資で支援することができれば、企業としては、確かに資金調達の幅が広がると思います。その立替え資金を恒常的な根雪部分とつなぎ資金部分に分けて、金融機関から支援が受けられれば、便利だと思いますね。

　ただし、金融機関としても、返済なしの融資については、与信管理をしっかり行わなければなりませんから、借り手企業にも、お願いすることが出てくると思います。たとえば、つなぎ資金部分の立替え資金融資は、個別の契約書とその契約に基づく入金をフォローする必要があり、その入金で借入返済が可能であるかをチェックしなければなりませんね。個別の契約書とその入金フォロー資料は必要ですね。また、恒常的な資金ニーズである根雪部分の融資は、融資実行後において、モニタリング管理が欠かせませんね。

　実務的には、忙しい金融機関としては、自らが企業に頻繁に出向くことはできませんから、管理の工夫やアイディアを出さなければなりません。この立替え資金融資の返済については、多くの個別事業の入金がその資金財源になりますが、実際には、この入金をそれぞれ担保に取ることはなかなかできませんからね。

鈴木　その時は、税理士の出番になるのではないでしょうか。税理士は顧

問先企業に対して、月に1回は「月次訪問」「巡回監査」として、企業訪問をして記帳や会計のチェックをしています。最近では、この訪問時に、その業務に加えて経営相談や資金繰りの指導を行うことが多くなりました。また、税理士として、経営改善計画の策定支援を行った場合は、同時に企業内の部署ごとにセグメント計画の作成支援を実施し、モニタリング・サービス行うようにもなっています。もちろん、すべての税理士が、経営相談・助言・指導ができるわけではありませんが、経営革新等支援機関（認定支援機関）の資格のある税理士は、ほとんど、このスキルを身につけています。

　金融機関は、今後、人材リストラを実施すれば、支店の融資担当者の企業担当先数が増加することになってしまいますから、これらの業務は、企業の顧問税理士さんに任せられることになると思われます。とにかく、税理士などは、「月次訪問」「巡回監査」時に、金融機関の代わりに、個別の契約書とその契約に基づく入金のチェックや恒常的な資金ニーズのモニタリング管理を行うことが、期待されるものと思われます。

中田　その通りですね。私ども建設業の場合、工事の立替え資金の資金負担は大きいのですが、その資金ニーズを、根雪部分と短期部分に分けて、その根雪部分を返済なしの短期継続融資でお願いすることを想定した場合、やはり、経営者の意見ばかりではなく、会計の専門家の意見も聞く必要があります。そのためにも、顧問税理士の先生から、財務・会計面から見た客観的な意見が必要であると思います。特に、今後は、コンパクトシティ関連とか、M&Aまた地域活性化施策など、従来の建設業では経験しない業務も増えてきますから、新しい金融手法も使わなければならないと思います。顧問税理士の先生のご意見が必要になるかもしれませんね。

吉村　私ども飲食業も、かなり新しい手法を使わなければなりませんから、顧問税理士の先生の財務・会計の知識が必要になるものと思います。今、検討しているものだけでも、M&Aやフランチャイズ化、またIT関連や

宅配業務などの新事業があり、その立替え資金負担があります。これらの資金負担を根雪部分と短期部分に分けることは、専門的な知識やスキルに加え、客観的な見方も必要になり、会計の専門家の力をお借りすることになると思います。

三浦　私の運送業としても、最近では、倉庫業務や通関業務などの受託業務が増えており、このような周辺業務に大きな収益チャンスが出るようになっています。そのためにも、顧問税理士先生たちの財務・会計の知識・スキルのほか、客観的な見方も必要になってきましたね。このことが、新しい立替え資金ニーズに対する、返済なしの短期継続融資とか、資本性借入金の導入の説得材料になるのかもしれませんね。

高橋　まさに、その通りだと思います。従来の中小企業の借入れニーズは、金融機関がリレバン（地域密着型金融）の考え方などに沿って、金融機関サイドが自分たちの見方で一方的に決めていた傾向がありました。これからは、企業自身が情報開示資料を作成しながら、事業性評価の基準で、融資の金額や期間また返済方法それに資金使途などを考慮して、金融機関に提案するように変わってきていますし、そうならなければならないと思います。しかし、金融機関の融資担当者と中小企業の経営者だけの話合いでは、短期継続融資や資本性借入金の融資を決定し、モニタリング管理を続けることは難しいかもしれませんね。経営者が信頼し、実際に毎月、月次訪問や巡回監査を行っている税理士などに、金融機関は意見を求め、その融資管理の支援を求めるようになるものと思いますね。

　さて、ここまでは、主に短期継続融資のお話を中心にしてきましたが、返済のない融資として、卸・小売・製造業以外の業種にも適用できる「資本性借入金」の話題も出ました。では、ここからは、この「資本性借入金」について質疑をしていくことにいたしましょう。

短期継続融資と資本性借入金
（エクイティ・ファイナンス）**5**

POINT

1 飲食業などでクレジット支払いの増加等に伴う立替え資金は
「恒常的に必要と認められる立替え資金（＝正常運転資金）」
といえるが、これを「短期継続融資」と言い切ることは現状
では難しい。

2 つなぎ資金部分の立替え資金融資は、個別の契約書とその契
約に基づく入金フォロー資料が必要。

5-2 資本性借入金

佐藤 金融庁のパンフレット「知ってナットク！」は、鈴木先輩からいた
だいた宿題でしたが、ここには、短期継続融資のほかに、資本性借入金
の項目がトピックとして出ていました。「資本不足に直面している企業
は、「借入金」を「資本性借入金」に変更され、金融機関から新規融資が
受けやすくなる」と書かれています。すなわち、「資本性借入金」が純資
産に加えられ、財務内容が好転され、企業再生に向けた新規融資を受け
やすくするということですね。また、事例では、大きな災害にあって、
特別な損失が発生した企業、また、明らかに素晴らしい技術力を持ちな
がら純資産（自己資本）が少ない企業、それらの企業に対する金融機関
からの出資のような借入金を、「資本性借入金」と言っているのですね。
ということは、資本性借入金ということは、我々企業にとっては、金融
機関からの出資ということになるのですね。しかし、我々は、借入金と
出資は全く別物であり、あまり深く考えたことがありませんでした。そ
の違いがわからないと、この「資本性借入金」についても、理解できな
いということになりますね。

鈴木 その通りですね。では、皆様に会計の専門家と言われている税理士
の私から、この出資と借入金の違いについて、お話しすることが筋にな
りますね。まず、以下の図を見てください。

105

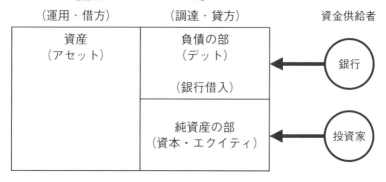

　顧問先や関与先の企業の皆さんに、私が、出資と借入金について説明するときは、バランスシート（貸借対照表）を使うことにしています。「バランスシートの左が財産目録で、右がその財産を支えるお金の裏付けであり、その右側は、他人のお金の出し手である「銀行」が上に書かれ、自分のお金の出し手である「投資家」が下に書かれるのです」と説明します。そう申し上げますと、皆様は、キツネにつままれたような顔をされますが、実際、バランスシートの左側は資産で会社の財産を現金化できやすい順番で上から書かれています。右側の「負債の部」は、他人のお金（財産）からの資金調達であり、その下段は「純資産の部」で、自分のお金（財産）からの資金調達になります。

　したがって、業績悪化時には、負債である借入金は、お金を出した預金者に資金使途を明確にさせ返済を迫り、金利は上げられます。逆に、投資家は、業績が悪化しても、資金使途は何も言わず返済も迫りませんし、金利はむしろ引き下げます。ただし、議決権を持つために、経営には口出しをします。さて、この「資本性借入金」は、負債と出資の折衷の位置付けになります。金融機関は、出資として、資金使途には何も言わず返済も迫らず金利も業績変動連動型で、仮に業績悪化時には金利は引き下げられますが、借入金として、議決権を持つことはなく、リスク相当の引当金は積み上げることになります。ということで、中田君、吉

村さん、三浦君の借入金が、たとえば、金融機関から資金使途の制約として、「短期継続融資」としては認められなかったとしても、「資本性借入金」と見なすことによって、資金使途に拘束のない返済なしの融資として扱うことができるということですね。

高橋　その通りですね。金融機関としては、資金使途の自由度の面からも、「短期継続融資」よりも、「資本性借入金」の方が柔軟に対応できるということになりますからね。ただし、出資の方が拘束されることもあります。先に、鈴木君が説明したように、「株主総会での議決権」を渡す必要がありますからね。とにかく、この「資本性借入金」は、出資のように融資をしてくれた投資家（銀行など）に、経営に対する法的な権利を取られることがないこと、また、業績が悪化した時は金利が引き下げられることが、メリットになりますね。返済なしの融資をもっと広げるためには、この融資が借り手企業にとって有難いものであり、融資を受ければ議決権を取られるというようなことはないことを広報することが必要ですね。金融庁や金融機関から「資本性借入金」の融資事例を大いに公表してもらうことが大切ですし、企業サイドとしても、「資本性借入金」を積極的に金融機関に申し込んで実績を作ることが重要になりますね。

佐藤　実は、返済なしの融資については、かなり需要はあると思いますよ。私どもは、かつて借入れ過多を指摘され、正常化を目指して、借り過ぎである融資を徐々に返済することになりました。社内の各部署が知恵を出し合って経営改善計画を策定し、その計画に沿って長期キャッシュフローを算出し、返済財源を捻出して返済計画まで作成し、金融機関に相談に行きました。すると、「当行の内規で返済期間は５年以内に決められていますので、何とか、毎月の返済金額を増やして、返済期間を５年以内に収めてください」とクールに言われてしまいました。当初は、外部環境や内部環境について、いろいろ事情を説明しながら抵抗しましたが、あまり聞く耳がないようで根負けしてしまい、「将来、頑張れば何とかなるかも」と思って、金融機関の要請を飲んでしまいました。５年

間で、既存の融資を全額返済するような経営改善計画に、急遽、書き換えて、新しい長期運転資金を借りることとなりました。

　その時に、ここでお話ししている「資本性借入金」が認められていたならば、当社の計画も納得してもらえたかもしれませんね。たとえば、経営改善計画による返済が10年ならば、5年間でその金額の半分を完済して、その後5年間「資本性借入金」として返済を猶予された融資に対して、前5年間と同額の毎月返済を付与すれば、その時点から5年後に当初の融資は完済できたことになります。すなわち、資本性借入金を利用すれば、経営改善計画に沿って、従来よりも負担の少ない返済を、実行してもらうことができたということですね。もしも、経営改善計画から算出される返済財源で15年間が妥当な返済期間であった場合、その15年間を3回に分ければ一つの区画が5年間になって、金融機関の「最長5年間の長期借入れ制限内に収めること」という内規をクリアすることができ、無理のない返済ができたとも思います。このように、「資本性借入金」を活用すれば、金融機関の内規を変更しないまま、超長期の無理ない返済の借入れもできたはずですね。

高橋　その通りですね。今の佐藤君の説明を図にしますと次ページのようになります。

　経営改善計画から算出される営業キャッシュフローから生れる返済財源では、点線のように15年が妥当な返済期間であったとします。佐藤君は、金融機関との交渉によって、この返済期間を5年間までに短縮され、この期間で返済しなければならなくなってしまいました。これでは、A図におけるBの部分が返済過多になってしまいますね。そこで、借入れ後3年間が経って、手元の預金がこの返済過多のために大きく減少したことに、佐藤君は気付きました。ここで、再度、金融機関と交渉して、その減少した金額を5年間返済の条件で借りることになりました。何とか、手元資金は以前のレベルに戻りましたが、また、しばらくすると、手元の資金繰りが苦しくなってきました。というのも、このCの借

108

短期継続融資と資本性借入金 (エクイティ・ファイナンス) 5

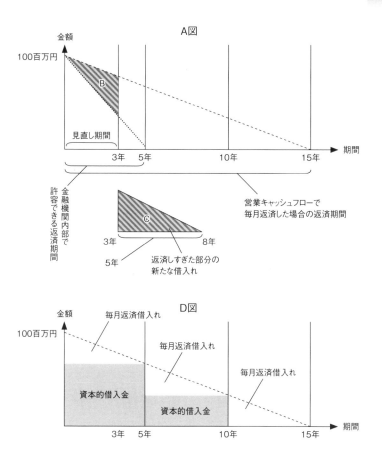

入れ返済が、従来の長期運転資金融資の毎月返済に上乗せされることになったからです。以前の返済過多の融資を完済する残り2年間については、さらに大きい返済負担をしなければなりません。その2年間を切り抜けたとしても、以前の融資を完済した5年後には、手元資金は大きく減少しています。この減少金額を、また5年間で借り入れることになるかもしれません。

このように、当初の経営改善計画による返済期間を15年から、5年間に圧縮したことが、佐藤君の会社の以後の資金繰りを大きく乱すことになってしまったのですね。もしも、佐藤君の会社の手元資金が少なか

った場合は、大袈裟なことを言えば、佐藤君の会社は破綻していたかもしれませんね。長期融資は、経営改善計画・キャッシュフロー・返済財源を十分考えなければなりませんし、金融機関との交渉も重要になるということですね。これからは、「資本性借入金」のメリットを大いに活用しなければならないということになりますね。

三浦　私どもの企業は赤字になって、金融機関の指示で、当座貸越借入残高を長期運転資金融資に変更され、毎月の返済で手元資金が2,000万円超の減少になりました。あの時に「資本性借入金」を併用することができれば、かなり資金繰りが助けられたと思います。現在は、最近始めたシステム装備した倉庫の活用で、運送業務の依頼が、多くの会社から来るようになっています。郊外の工業団地の企業群の預かり製品をいつでも元請企業に納入できるシステムを完備しましたら、その元請企業からの受注が入るようになりました。他の大企業からも、この倉庫・輸送連携システムの打診が来ていますので、正式な注文が入るようならば、金融機関に長期運転資金と資本性借入金の合算融資を申し込みたいと思います。倉庫・輸送連携システムは、他の運輸企業と差別化できる業務内容ですから、将来性のある技術として、金融機関が認めてくれ、資本性借入金も融資してくれるものと思います。

中田　私ども建設業の場合、常に、工事の立替え資金の資金ニーズはあるのですが、工事現場の場所や建築物の資材また工事担当者スキル度による賃金など、工事内容によって、その立替え資金額は大きなバラツキが生じます。従来は、経営者の勘と経験によって、バラツキのある工事現場の資金繰りを立てていましたが、当社の場合は、工事現場主任が工程プロセスをスマホに入力することで、各工事現場の立替え資金の金額を算出することができるようになりました。ついては、全社ベースでもこの立替え資金ニーズが自動的に把握することが可能になりました。このシステムを使うことによって、いつも資金繰りが苦しく不安を抱きながら行っていた工事受注を、安心して受けることでできるようになり、当

社にとっては強い味方になっています。金融機関への融資申込み時には、このシステムからのアウトプットされた用紙を提出すれば、融資担当者との交渉も短縮され、さらに、融資担当者にとっては稟議書の作成時間も削減できるようになりました。

　この「工事現場別、立替え資金管理システム」を汎用化してはいかがかと、一部の金融機関から打診があります。もしも、汎用化システムができれば、このシステムはきっと売れると思いますが、その販売方法がわからず、目下、各方面で検討しています。汎用化するためのシステム開発費用や販売促進費用がいくらくらいになって、どのくらいの期間で回収されるのか、推測できる範囲で詰めていこうと思っています。しかし、当面は、その数値が明確になりませんので、金融機関への借入金額は概算で出すことはできるのですが、返済期限までは具体的な数値で、算出することはできません。このような時に、返済なしの「資本性借入金」で支援してもらえれば、実に有難いのですが、どんなものでしょうか。

高橋　三浦君の運送業、中田君の建設業とも、業界として合理化・効率化が進んでいるとは言えませんが、現在は、IT化、AI化が急速に進んで来ています。両社とも、その流れに乗って、業務内容の効率化を図り、新規の需要を捉えている点は、頼もしい限りです。このような、IT化や技術開発が進んだ企業は、「資本性借入金」を実行する良き対象であると思います。「知ってナットク！」における「事例7　精密機械製造業者G社のケース」にも重なるところがあると思います。この「事例7」における金融機関は、今までの取引実績から、G社の販路拡大や売上げ予想が見えると思いますし、経営者や企業の内容、リスク、内部統制、ステークホルダーとの関係、地域貢献も総合的に考えられると思います。そこで、H銀行が、資本性借入金で支援しようという意思決定をしたものと思われます。三浦君、中田君のケースも同様ですから、金融機関に相談してはいかがでしょうか。

「資本性借入金」活用のメリット

① 資金繰りが改善されます。
・長期の「期限一括償還」が基本であり、資金繰りが楽になります。
・業績連動型の金利設定が基本であり、業績悪化時は金利が低くなります。

② 金融機関から新規融資が受けやすくなります。
・「資本性借入金」を資本とみなすことで、財務内容が改善され、新規融資が受けやすくなります。

  水産物の冷凍倉庫業者F社のケース

☹ 大震災による津波被害で冷凍倉庫が全壊(資産が滅失)したことから、債務超過に転落しており、新規融資を受けることが困難。

☺ 新規融資を受けて、冷凍倉庫を新築することができれば、収益力は被災前の水準に回復する見込みが高い。

・F社に融資を行っている各金融機関(G銀行を含む)により、当社の経営努力が経営改善につながると評価され、「資本性借入金」への条件変更が認められた。
⇒債務超過が解消し、財務内容が改善。
・G銀行から新規融資を受け、冷凍倉庫を新築し、収益力は順調に回復。
・「資本性借入金」については、長期の「期限一括償還」であったため、資金繰りの改善にも寄与。

  精密機械製造業者G社のケース

☹ 高い技術力を背景に順調に業績を伸ばしていたが、急激な円高の進行により、採算性が悪化したことから、債務超過に転落しており、新規融資を受けることが困難。

☺ 新規融資を受けて、省力化投資を行うことができれば、収益は回復する見込みが高い。

・G社に融資を行っている各金融機関(H銀行を含む)により、当社の技術力が評価され、経営改善計画を策定の上、「資本性借入金」への条件変更が認められた。
⇒債務超過が解消し、財務内容が改善。
・H銀行から新規融資を受け、省力化投資を実施。
・「資本性借入金」については、業績連動型の金利設定であり、投資効果が現れるまでは、金利負担が抑えられたことから、資金繰りが改善。
その後、業績がV字回復し、業績好調時の金利を払うところまで回復。

　ただし、中田君の汎用システム開発については、中田君の本業である建設業ではありませんから、この汎用システムの販路や売上げ予想は、現時点では、なかなか見通せないものと思います。この汎用システム開発で、金融機関に資本性借入金を申し込むならば、システム開発業界の開発費用や販路開拓と販売金額のデータを取り揃えて、自社の現在の人材や設備(経営資源)でどこまでできるかを、詰める必要があると思います。現在では、その汎用システム開発の数値が明確になりませんので、

金融機関への借入金額は概算で出すことができたとしても、返済期限までは具体的な数値で算出することはできないはずです。

　全くの純新規事業にチャレンジするときは、もう少し、データを集めて、自社の内部事情や組織も検討して、結論を出した方がよいかもしれませんね。ただし、この検討は、現在ではビッグデータ情報や業界情報の開示が進んでいますので、そんなに時間はかからないものと思います。三浦君、中田君以外の皆様も、金融機関が投資家の観点で、「資本性借入金」を投入したいような業務や事業を行っていると思いますので、検討されてはいかがでしょうか……。

金子　その通りですね。私どもはメーカーですので、「資本性借入金」を投入したいような業務や事業は、技術面や雇用面で沢山あると思います。まず、技術面では、それなりの特許を持っていますし、当社の得意分野ではその技術力には自信があります。また、雇用面では、工場の従業員を中心に地元から採用していますので、地域貢献という面でも、地域にお役に立っていると思います。ただし、金融機関に対しては、損益状況や財務内容のことばかりお話をしており、技術面や雇用面などについては、情報提供をしていませんでした。確かに、当社では、市場ニーズを把握しながら技術開発をしていますし、地元の高校・大学には採用活動を行っています。今後については、ローカルベンチマークによる情報開示や、RESAS、経済センサスの地域のビッグデータを使いながら、自社の内容を金融機関に理解してもらうように努めたいと思っています。技術開発については、どうしても研究開発費が先行し、技術を反映した製品による付加価値の取込みは遅くなってしまいますので、資金ニーズは常にあります。また、人材採用も種まきコストがかかる一方、研修コストもかなりの負担になりますので、ここでも資金ニーズがあります。これらの資金回収の期間は、かなり長期間を要し、回収期日を定めることはなかなか難しいものですから、正に、金融機関には、「資本性借入金」で支援してもらいたいと思っています。

佐藤　私ども卸売業は、営業力強化のため、販路拡大や商品開発の努力を常に行っています。地道な顧客開拓はしておりますが、後継者のいない同業者からの営業譲渡やM&Aの話がかなり持ち込まれます。それらの営業譲渡やM&Aの費用はもちろんかかりますが、その後の、当社の販売管理システムとの統合コストはかなりの負担になります。また、購入・提携企業は同業社と言えども、その従業員への研修コストもかなりの金額になります。直ちに、売上げ増加で収益貢献となると普通には思われますが、実際は、その収益効果はかなり後ろ倒しになってしまいます。金融機関から、「資本性借入金」の支援が受けられれば助かりますね。

　この営業譲渡やM&Aは、自社の収益貢献ばかりではなく、地元の仕入先や販売先企業の売上げ貢献や、地域の雇用維持や増加にも役立つことになります。これらの貢献度は、RESASの産業構造マップまた経済センサスなどのビッグデータからも読み取ることができます。地域の行政機関の「まち・ひと・しごと創生総合戦略」のレポートでは、自社の地域における貢献度も推察することができます。これらのデータに加えて、自社の業界における貢献度などをまとめて、当社としては「資本性借入金」の融資申請をしてみたいと思います。

　ここでは、例として、静岡県沼津市のRESASの産業マップや特許一覧、また静岡市葵区の経済センサスの図表を掲載しましたが、日本全国すべての市町村のデータを取ることができます。このようなビッグデータを、自宅のパソコンから自由に抽出することができます。なお、データや画像は、随時リニューアルされていますが、抽出には支障はありません。

短期継続融資と資本性借入金（エクイティ・ファイナンス） 5

☞ RESAS（地域経済分析システム）

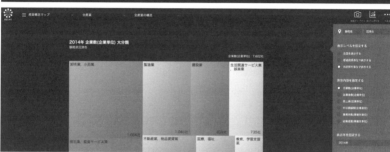

16554	赤武エンジニアリング株式会	静岡	22203	沼津	飲料を作る装	A	生活必	A4	個人用品また	A47	家具；家庭用品または家
16555	株式会社スグロ鉄工	静岡	22203	沼津	チル鋳造・ダイ	B	処理操	B2	成形	B29	プラスチックの加工；可塑
16556	国産電機株式会社	静岡	22203	沼津	車両の乗手	B	処理操	B6	運輸	B62	鉄道以外の路面車両
16557	国産電機株式会社	静岡	22203	沼津	同期機の永	H	電気	H0	電気	H02	電力の発電変換配電
16558	スーパーメディカルジャパン株	静岡	22203	沼津	医薬品製剤	A	生活必	A6	健康；人命救	A61	医学または獣医学；衛生
16559	有限会社勝又製作所	静岡	22203	沼津	板・棒・管等	B	処理操	B2	成形	B21	本質的には材料の除去
16560	国産電機株式会社	静岡	22203	沼津	プリント配線板	H	電気	H0	電気	H05	他に分類されない電気
16561	東静電子制御株式会社	静岡	22203	沼津	体外人工臓	A	生活必	A6	健康；人命救	A61	医学または獣医学；衛生
16562	有限会社山本紙工	静岡	22203	沼津	積層体(2)	B	処理操	B2	成形	B32	積層体
16563	株式会社燃焼合成	静岡	22203	沼津	硫黄、窒素等	C	化学；冶	C0	化学	C01	無機化学
16564	株式会社トーヨーアサノ	静岡	22203	沼津	トンネルの覆	E	固定構	E2	地中もしくは岩	E21	地中もしくは岩石の削孔
16565	株式会社ビデオ・テック	静岡	22203	沼津	スタジオ回路	H	電気	H0	電気	H04	電気通信技術
16566	東海ガス圧接株式会社	静岡	22203	沼津	圧接、拡散接	F	機械工	F2	照明；加熱	F23	燃焼装置；燃焼方法

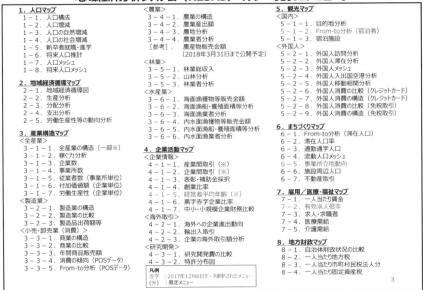

📎 経済センサス

1	平成26年経済センサス-基礎調査　確報集計　町丁・大字別集計							
2				第1表　経営組織（2区分）、産業（中分類）・従業者規模（6区分）別全事業所数及び男女別従業者数—市区町村、町丁・大字				
3								
4				(注) 男女別の不詳を含む。				
5				sanM1.0001	sanM1.0001	sanM1.0001	sanM1.0001	sanM1.0002
6				1	1	1	1	1
7				syu1.0000	syu1.0001	syu1.0002	syu1.0003	syu1.0000
8				0	0	1	1	0
9				A～S 全産業				A～R 全産業(S公務を除く)
10	都道府県	経営組織	市区町村及び町丁・大字	事業所数	従業者数(注)	(従業者数)男	(従業者数)女	事業所数
11	静岡県	総数	22101	静岡市葵区	15177	148692	75939	72689	15108
12	静岡県	総数	22101	一番町 3000003000	65	437	191	246	65
13	静岡県	総数	22101	二番町 26900026900	52	272	170	102	52
14	静岡県	総数	22101	三番町 14200014200	48	214	120	94	48
15	静岡県	総数	22101	四番町 38300038300	26	120	55	65	26
16	静岡県	総数	22101	五番町 12400012400	26	142	66	76	26
17	静岡県	総数	22101	六番町 39000039000	23	62	39	23	23
18	静岡県	総数	22101	七間町 14400014400	237	1697	755	942	237
19	静岡県	総数	22101	七番町 14500014500	13	29	18	11	13

（出典）「平成26年経済センサス-基礎調査結果」(総務省統計局)

■☞ 地域の行政機関の「まち・ひと・しごと創生総合戦略」のレポート

　ここには、埼玉県とさいたま市、川越市の各「まち・ひと・しごと創生総合戦略」の抜粋を掲載しましたが、日本全国ほとんどの県・市のホームページからこのようなデータを、自宅のパソコンから自由に抽出することができます。なお、データや画像は、随時リニューアルされていますが、抽出には支障はありません。

埼玉県まち・ひと・しごと創生総合戦略
平成27～31年度

5　地域の特徴に基づく重点課題・施策（参考）…………………………… 74

　こうした人口の増減や高齢化の状況、地域資源の種類など地域の特徴に応じて、その地域ごとの具体的できめ細やかな戦略を展開していくことが重要である。
　そこで県内を地域振興センターの区域に基づいて12の地域に分け、それぞれの地域の特徴を踏まえ、全県的に展開される施策の中で当該地域で重点が置かれるべきと考えられる課題及び施策を整理して示す。

さいたま市まち・ひと・しごと創生総合戦略

平成27年11月

2	多様な人が働ける環境づくりと就労の促進	1	中小企業の競争力強化による雇用創出	①市内中小企業への専門家派遣件数 ② CSR チャレンジ企業認証企業数［再掲］	2,000 件 （5 年間累計） 125 社 （5 年間累計）	2014 年度 332 件 2014 年度 19 社
		2	戦略的企業誘致の推進と産業集積拠点の創出	①誘致企業数	50 件 （5 年間累計）	2014 年度 12 件
		3	広域連携による産業振興	①広域連携事業実施件数	20 件 （5 年間累計）	2014 年度 7 件
				②物販イベント開催件数	60 回 （5 年間累計）	2014 年度 4 件
		4	多様な人の就労の促進	①就職支援事業による支援者数	29,700 人 （5 年間累計）	2010 年度～ 2014 年度の 平均値 4,711 人
				②女性の再就職支援による就職者の割合	50%以上	2014 年度 75%

川越市
まち・ひとしごと創生
総合戦略

平成28年1月

4．川越が取り組むこと

戦略	プロジェクト
戦略1～川越でしごとをする 地域の特性を活かし、 若者を引きつける働く場をつける	1　しごと　暮らし　川越
	2　ものづくり長屋　川越
	3　健康食レストラン　川越

山田　私ども旅館業は、外国人旅行者を受け入れる準備に、かなりの資金負担がかかっています。最近のインバウンドは、日本経済の活性化には大きな実績と良い効果をもたらしていますが、第一線の我々にかかる負担もかなり大きいものになっています。インバウンド用に、リフォーム

したり、接客人材の採用など、前倒しにコスト負担が嵩んでいます。観光業については、「地域未来投資促進法」の成長分野にも選ばれ、行政機関の支援も受けられるようになっているとはいうものの、常日頃、接触の多い金融機関からの支援が有難く、特に、返済のない「資本性借入金」の支援があれば助かります。

　私どもの資金ニーズは、外国人受入れに関するリフォームや接客人材の採用・研修のコスト分が主体になりますが、そのコスト回収については、経験のない分野ですので、なかなか今後の見通しが立たず、「資本性借入金」の支援が一層有難いものになります。当社の内容については、ローカルベンチマークや経営改善計画などで情報開示ができますし、地域貢献や業界動向については、RESASの観光マップや観光庁のホームページでも、示すことができるようになります。インバウンド施策は、国の後押しもあり、実際、外国人観光客も増加していますので、早速、「資本性借入金」を申し込みたいと思っています。

高橋　金子君、佐藤君、山田君の資本性借入金に対する資金ニーズは、企業収益の好転ばかりではなく、社会貢献・地域貢献にもつながるものであり、金融機関も前向きに受け付けてくれると思います。ただし、金融機関の支店の窓口においては、この「資本性借入金」の取扱いをしたことがない担当者が多いものと思われます。その時は、自社の情報開示資料や社会貢献・地域貢献の資料のお話をするとともに、金融庁のHPから印刷した「知ってナットク！」のパンフレットを持参することがポイントになるかもしれませんね。

　この「資本性借入金」の実行・推進については、金融機関にとっては、達成できないとマイナスの人事評価がつけられるようなペナルティ付きのルールではなく、あくまでも金融庁のガイドラインの域を越えていません。原則として、「資本性借入金」の実行は、融資現場に任されていますので、借り手企業も、金融機関のセールスを待っているだけでは、このメリットを受けられないかもしれません。企業サイドとしても積極的

に動くことも大切であると思います。

　さて、「知ってナットク！」のパンフレットの「事例6　水産物の冷凍倉庫業者F社のケース」（112ページ参照）のような災害に伴う特別損失の対策に、「資本性借入金」を利用したいという資金ニーズは、皆様の会社にはありませんか。

吉村　私どもは飲食業で、目下、5つの店舗を経営しています。去年の大雨時の洪水で、川に近い店舗が水に浸かってしまい、厨房の機器をはじめ、多くの設備を入れ替えることになってしまいました。営業再開には、3か月もかかってしまいました。その水害後に地元を去ってしまう企業や住民もおり、私どもの得意先もかなり移転しましたので、残念ながら、今後の売上げの予想はあまり見えて来ません。行政機関の支援もありますが、損失に比べ支援金も少なく、毎月の返済も負担になっています。金融機関が、「資本性借入金」で応援してくれれば、かなり助かりますので、早速申込みをしたいと思います。

　この「資本性借入金」については、借入金である以上、業績が戻った時点で返済をスタートするのは筋ですよね。私どもとしても、店周地域の人口動態や個別得意先企業の動きについて調査して、当店の経営計画を策定し、キャッシュフローを算出して、返済計画を早期に出したいと思います。もちろん、当社全体の経営改善計画も策定して、金融機関に提出するつもりです。RESASの人口マップ・産業構造マップ・まちづくりマップのほか、経済センサスの統計表一覧（e-Stat）などにより、顧問税理士などと地域の情報を集めて、できるだけ確度の高い予測値を作成して提出するつもりです。

三浦　私どもも運送基地の倉庫の一つが、一昨年火災になり、預かり商品と社屋を消失してしまいました。もちろん、火災保険に入っていましたので、それなりに補填してもらいましたが、顧客への賠償金や倉庫内外とのシステム復興費用また倉庫再開までの人件費負担など、かなりの資金面の負担があり、未だにこれらのコスト回収の目途は立っていません。

ただし、当社の運送部門や倉庫部門の需要は減っていませんので、資金面の回復期間はあと2～3年であると思いますが、まだ具体的な回収金額までは見えて来ません。このような時に、金融機関からの返済なしの「資本性借入金」は実に有難いものですね。私どもとしても、この火災による損失回復の目途をしっかり立てるつもりです。RESASの産業構造マップや業界動向調査などで、当社としてのキャッシュフローの回復の見通しを作り、何年後からの返済の計画も作成していくつもりです。一昨年の火災に関する資金支援になりますが、早速、金融機関に相談したいと思います。

高橋 吉村さんと三浦君は、この「資本性借入金」によって、金融機関に災害補填の支援依頼をするということですが、直ちに動かれることをお勧めします。未だに、「資本性借入金」は、金融機関では一般化されていません。金融機関としては融資残高を伸ばさなければなりませんが、取引先と接する支店の融資担当者は、どうしても金融機関の本部に承認されやすい稟議書を書いてしまいます。本部に忖度した文章を書かない場合は、支店の上司から本部の部長まで、了解を得られないと思うからです。自分よりも融資経験やスキルの高い支店や本部の上司に、自らが起案する稟議書の承認を得なければならず、どうしても、取引先本位ではなく金融機関内部の上司を意識した保守的な稟議書になる傾向があります。

このような環境のなか、あまり実績のない「資本性借入金」の稟議を通すには、支店の融資担当者に加えて、申請する取引先自身も、腰を据えて、この融資の承認を得るのだという強い意欲が必要であると思います。この意欲は、やはり、承認件数がまだ少ない「短期継続融資」の申請時にも言えることです。

金融機関の内部の話ですが、最も融資経験やスキルの低い融資担当者が稟議書を書くわけですから、取引先・借入先企業自身の融資申請の意欲が強く情報開示資料が充実していなければ、その稟議書はなかなか上

司の承認は得られないものです。金融機関の融資決定の稟議書の回付順位は、86ページの図をもう一度見ていただければおわかりのように、金融機関の支店の担当者から、支店長を経由して、本部の副審査役から次長を経由して審査部長に至る経路になっており、意思決定のプロセスが明らかになっています。

鈴木　確かに、金融機関は大企業ですから、融資決定はそのラインのトップである審査部長が、直接、意思決定すればよいというものではありません。中堅・大企業であれば、その意思決定は、担当者の書いた稟議書によって、社長と担当者の間にいる中間管理者のすべてが承認したのちに、最後に社長がOKを出すことになっています。その点、地元の大企業である金融機関も例外ではなく、むしろ、支店の数が多い金融機関は、この稟議制度が厳格に運用されているということですね。しかも、本部と支店は別々の場所にありますから、この稟議書による決定は添付されている資料を十分検討して実行されているということです。税務署や他の行政機関も名前は違っていたとしても、同様な稟議書で上司や国税庁長官の承認を得ていますからね。

高橋　鈴木君の言う通りですね。したがって、この「資本性借入金」の稟議は、融資担当者として、かなりしっかりした内容の稟議書を作成する必要があるということですね。一般の稟議書ならば、「融資金額・返済期日・資金使途・金利」の根拠を丁寧に説明することに重点を置きますが、この「資本性借入金」の稟議は、「経営者、企業の内容、リスク、内部統制、ステークホルダーとの関係、地域貢献」という広い範囲の検討を行って、この融資実行の必然性を詳しく述べる必要があります。

　資本性借入金は、出資と同様な審査を求められることから、中小企業の情報開示はしっかり行うことが大切です。上場会社は、東京証券取引所や大阪証券取引所などのルール（上場審査基準）に沿って、情報開示が定められ、一般の投資家が安心して出資できる目線を定めています。この目線は、資本性借入金にもあてはまります。上場企業には、有価証

券報告書、事業計画書、企業説明書（内容・リスク・内部統制など）は必須ですので、中小企業についても、「税務署に提出する決算報告書」「中小企業庁のHPにあるような経営改善計画書のサンプルA」「ローカルベンチマーク・ツール」などが、「資本性借入金」の目線に該当するものと見られます。

　また、大企業や上場企業ならば、投資家（株主）と社会貢献の項目に重点を置くことと同様に、中小企業の場合においても、金融機関への情報開示資料と地域貢献の資料の提出が重視されるものと思われます。おそらく、多くの支店の融資担当者にとっては、「資本性借入金」の稟議書の添付資料・説明資料として、どのような情報開示資料や地域貢献の資料を用意し、どこをチェック目線とするかは、まだ定着していないかもしれません。と言って、中小企業自身にとっても、これらの資料の作成は容易ではありませんので、会計の専門家で中小企業の内容を最も理解している税理士などがこれらの資料の作成支援を行うことになると思います。このことが、現実的な金融機関対応かもしれませんね。

金子　顧問税理士などの専門家の支援のお話が出ましたが、企業の財務内容の改善について、そのような税理士と金融機関の融資担当者が連携を密に取って、我々、中小企業の支援を行ってもらえないものかという相談をしたいと思います。私どもメーカーは、製品や製造設備のスクラップ・アンド・ビルドを繰り返していますが、つい忘れてしまうことは、使わなくなった資産の放置ということです。遊休資産・不要不急資産に対して、また使うかもしれないと思い込んで、そのまま放置しているケースが多いのです。先日、全社を挙げて資産の見直しを行い、売却方針を決定しましたが、この遊休資産・不要不急資産の売却リストを顧問税理士さんと組んで作成しました。

　実は、このリストに沿って、それらの資産を売却・資金化するまでの期間、金融機関から資金調達をすることを顧問税理士から提案されたのです。早速、金融機関の担当者を、当社の工場・本社などに呼んで、そ

の売却予定資産の資金化までのつなぎ資金融資の妥当性を理解してもらいました。この企画は、目下、進行中ですが、皆さんの会社も、資産の見直しによる資金調達を、顧問税理士さんと金融機関と連携を組んで、行ってはいかがかと思いました。

鈴木　その通りですね。私ども税理士も、決算期の在庫見直し・棚卸しに立ち会うことはありますが、このような流動資産以外の固定資産など、全般的な資産のチェックも重要な業務ですね。その後に、遊休資産・不要不急資産の売却リストを作成支援して、売却までの資金調達支援を行うことは、重要なことだと思います。さらに、「物」ばかりではなく、従業員・パートさんなどの人材の見直しも含まれますね。人材の配置転換のケースも検討項目に入るかもしれませんね。

　また、さらに、資産内容を拡大すれば、現預金も入ってきますので、この現預金に関係する金融機関からの融資の吟味も含まれてきます。確かに、この動きの場合は、税理士と金融機関と企業サイドの三者連携が重要になります。次回は、今、お話しした「資産の見直しと融資」というテーマで、皆様と意見交換をいたしましょう。

高橋　そうですね。それでは、次回は、「資産見直しと融資」というテーマに関連しますので、また、「知ってナットク！」に載っている「ABL融資・資産融資（アセット・ファイナンス）」の情報交換を行うことから、勉強会をスタートしましょう。「知ってナットク！」の「トピック2」の「ABL（動産・売掛金担保融資）について」を読んでおいてください。

短期継続融資と資本性借入金
（エクイティ・ファイナンス） 5

POINT

1 全くの純新規事業にチャレンジするときは、詳細なデータを集め、自社の内部事情や組織も検討してから結論を出すべき。

2 「資本性借入金」の実行・推進は、金融機関にとっては原則として融資現場の担当者に任されているので、借り手企業サイドとしても積極的に動くべきである。

3 「資本性借入金」の稟議を通すには、支店の融資担当者に加えて、申請する取引先自身もこの難しい融資の承認を得るのだという強い意欲が必要である。

4 「資本性借入金」の稟議は、「経営者、企業の内容、リスク、内部統制、ステークホルダーとの関係、地域貢献」という広い範囲の検討を深く行い、融資実行の必然性を詳しく述べる必要がある。

125

6 ABL融資・資産融資（アセット・ファイナンス）

6-1 ABL融資

高橋　皆様は「知ってナットク！」のABLについて、一読されましたか。これは、金融庁が公表した「担保・保証に必要以上に依存しない融資」の延長線上で、「どの企業にも必ずある資産で、現在、金融機関の融資の担保に使われていない「流動資産」を、担保として有効活用しましょう」ということです。前回の勉強会の時に話題になった、資産売却までのつなぎ資金の融資の一部とも解釈することにもなります。すなわち、バランスシート（B/S）の資産の信用力を活用した融資（アセット・ファイナンス）のジャンルに入るものです。

鈴木　確かに、担保とは、金融機関の与信管理の一環であり、引当て強化の手法とばかり思っていましたが、よく考えれば、借り手企業自身が自

分たちの遊休資産・不要不急資産を売却して優先的に返済する権利を貸し手金融機関に担保として与えるという解釈もできますね。不動産担保を実行することは、営業活動（本業）にあまり役立たなくなった不要不急の遊休不動産を売却した代金を、優先して既存の融資の返済に充てることになりますね。株式担保の場合は、不要になった株式を売却して、優先して返済することですね。預金担保も、その預金を取り崩した資金で、優先返済することですね。これらの資産を売却した現預金や定期預金を取り崩した現預金については、もともとは「遊休資産・不要不急資産」であり、その現預金で返済するということが担保処分といえるのですね。そう考えれば、担保差入れとは、「資産見直しと遊休資産の抽出で、負担になっている融資を返済するプロセスの1つ」と解釈することにもなりますね。

佐藤　抽象的な議論はさて置き、宿題になったABLは、私ども卸売業には強い味方になるものですよ。確かに、担保となっている在庫や売掛金、受取手形、それらから入金された現預金は、合計すれば、安定した金額になりますね。それぞれの在庫・売掛金などは、営業活動のなかで、日々大きく変動しますが、この合算値を考えれば、これは比較的安定した数値になっていますね。その一定割合の金額が融資枠、すなわち極度枠に設定できれば、企業にとって常に一定金額が使える安定的な融資になり、金融機関にとっても、引当の充実した安全な融資になるということですね。当然ながら、常に在庫や売掛金、受取手形、入金金額の担保は，企業として自由に出し入れが可能であり、金融機関も上記担保物件で返済した金額は融資枠の補填ということで、いつでも復元が可能になるのですね。

　売上げが増加傾向にある場合、売掛金が増加しますが、さらに、在庫も増やしたくなりますね。また、仕入商品の値下がり時など、現金で仕入れを行って、将来の販売量の増加を見越して大量の在庫の積み増しを図りたいこともありますね。このような時は、立替え資金が増加します

が、今までならば、個々の事情を金融機関に説明しても、稟議制度など
のネックがあるせいか、直ちには融資をしてもらえず、商売チャンスを
失うこともありました。また、販売先を小口分散させ、広告宣伝を行い
ながら販売量の増加を図りたいときも、在庫の品揃えのために資金ニー
ズが高まりますが、金融機関からの融資が追い付かず、その企画が頓挫
することもありましたね。逆に、借り手企業の取引先の売掛金管理を行
っているなかで、販売先の業績不振に気付き、在庫の引揚げを行った時
など、当社の在庫が急増しますが、この高まった在庫維持のための借入
れニーズの急増を、一般的には、金融機関では、なかなか対応してもら
えないこともありました。このような急な変化による資金ニーズなどの
時に、ABLの融資枠があるならば、資金調達をスピーディに行うこと
ができることになり、助かります。ぜひ、ABLの設定を金融機関にお
願いしたいと思います。

吉村　私ども飲食業でも、フランチャイズ展開をするときに、冷凍食品や
飲料・酒類の大量仕入れを行いたいことがあります。飲食業は、現金仕
入れや現金回収が主体ですが、このような大量仕入れを行う時は、大き
な借入れニーズが発生します。しかし、この冷凍食品や飲料・酒類を担
保として、金融機関へ差し入れることなど考えたことはありませんでし
た。この仕入れた冷凍食品や飲料・酒類を担保にすることができれば有
難いですね。フランチャイズ展開が軌道に乗れば、このような冷凍食品
や飲料・酒類は順調に回転していくことになり、仕入れ・販売が繰り返
され、その融資も前回勉強した短期継続融資、ころがし融資のような経
常的な融資になると思います。また、ABLの在庫・売掛金などの流動資
産担保による融資も、有難いものになりますね。当社が、フランチャイ
ズを本格的に展開する場合は、ぜひ、このABLを申し込みたいと思い
ます。

三浦　私どもは運送・倉庫業ですが、最近の倉庫はシステム装備が進んで
おり、それぞれの企業が、どんな商品パッケージを、「何日に入庫し、

何日に出庫するか」を記録し、それを一覧表にまとめ、しかも、入庫・出庫に関しては運送手配まで行うことになっています。この商品パッケージは、一般的な企業では、100種類を超え、私どもの作成する一覧表によって、依頼企業の在庫管理業務の一部を引き受けることも多くなっています。このデータにパッケージ単価を乗じることによって、依頼企業の在庫の評価ができます。このデータを倉庫使用企業の依頼に基づいて、当社が金融機関に報告するならば、その依頼企業のABLの借入金額や融資枠の設定ができると思います。当社の資金調達の話ではありませんが、依頼者には、中小企業もかなり多いですから、金融機関と当社が組めば、ABLの推進になると思いますが……。

高橋 佐藤君、吉村さん、三浦君から、ABLの有効活用の話が出ましたが、早速、金融機関に相談することをお勧めします。三浦君の倉庫部門は、金融機関と組むことができれば、ABLの担保情報は三浦君の会社が担当し、金融機関がABL融資を推進することができるようになりますね。両社にとって、相乗効果になりますが、依頼者の中小企業にとっても有難いことですから、まさに、トリプル効果ということですね。吉村さんの会社が、冷凍食品を対象にしたABLのニーズがあるならば、三浦君の会社に冷凍倉庫を用意してもらえば、これも相乗効果になりますね。そして、多くの商品を扱う佐藤君の会社にとっては、在庫・売掛金・受取手形・入金される現預金など、個々の勘定科目が商売の実態変動において大きく変化したとしても、その4つの合算値は安定しているという経験則があるならば、まさに、このABLが最適な融資であるかもしれませんね。

金子 なるほど、佐藤君の会社は、このABLの機能を便利に活用できるようですが、それは、卸売業であるからかもしれませんね。我々、メーカーですと、在庫は原材料・半製品・仕掛品・貯蔵品などで評価しにくかったり、また、売掛金の担保権を設定する交渉が元請け会社には難しいなど、このABLには課題もかなりあると思います。確かに、回転す

る流動資産や、多くの販売先への売掛金に対して個々に担保設定を行うことは、難しいかもしれませんね。金融機関から融資が受けられれば、借り手企業として有難いのですが、このABLの商品性では、我々の企業では、担保手続きの制約から、十分な活用はまだ難しいかもしれません。やはり担保を設定せず、その流動資産を見合いとして、融資をしてくれることが有難いですね。

高橋 佐藤さんは、卸売業で在庫管理がシステム化され、在庫価格も仕入値をそのまま使うことができ、その評価が明確である上に、販売先もかなりの数になっていますので、動産担保や売掛金担保の管理もやりやすいものと思います。一方、金子君のようなメーカーでは、動産担保や売掛金担保については、実務的に難しいと思いますね。旅館業や飲食業も、在庫は食材など、回転期間の短いものが多い上に、売掛金は個人客が多いため、その金額のバラツキが大きく、ABLの適用はやはり難しいかもしれません。しかし、このABLの機能はいろいろな企業に役に立つものと思います。担保は回転の速い流動資産ではなく、別の形態のものも考えられますね。前回お話しの出た「遊休資産・不要不急資産」を担保にしたり、見合い資産にみなすことで、多くの金額が容易に借入れできるようになるかもしれませんね。

6−2　資産融資（資産売却つなぎ融資）

中田 私ども建設業の場合、徐々に工事の内容が変わってきています。5年くらい前は、分譲地の建売のニーズがかなりありましたので、土木工事や区画整理作業などのためブルドーザーを使うことが多かったのですが、最近は、非住宅業務やリフォーム業務が多くなりました。そこで、ブルドーザーを転売して、非住宅業務やリフォーム業務の機械や人材の採用・研修にシフトしていこうと思っています。とは言うものの、まだどのような手順で、業務転換投資をしていくか決まっていません。とにかく、ブルドーザーやその駐車施設である土地建物は不要になりました

ので、売却を計画しています。その売却予定価格は、2,500万円ですから、8掛けの2,000万円を借入れしたいと思います。もちろん、当社としてこのブルドーザーや土地建物を担保に入れることは問題ありませんが、買い手がついた時点で担保抹消をスムーズに行ってもらわなければなりませんから、ここは、信用でお借りしたいですね。

山田　私ども旅館業も最近のインバウンド効果のために、かつては社内旅行や大宴会に使っていた座椅子・座卓・宴会用食器やカラオケセットまた送迎用の大型バスなどがいらなくなりました。これらの什器備品などは、直ちに売却したいと思っていますので、その入金があるまでの間、借入れをしたいですね。インバウンド用の什器備品の購入を考えていますので。

金子　我々メーカーは、常にスクラップ＆ビルドをしていますから、そのようなつなぎ資金の借入れができれば有難いですね。かつては、自動車の椅子部品などの製造をしていましたが、最近は、その部分は米国に移転しましたから、製造工程ラインも搬出用の倉庫や車両基地もいらなくなってしまいました。それらの施設や底地の売却までのつなぎ資金が借りられたら有難いですね。最近は、EV対応の自動車のパーツの注文が来ていますので、まとまった資金需要ではないのですが、細々とした資金ニーズがかなりあり、それらが重なると、結構大きな金額になってしまいますね。

三浦　その通りですね。私ども運送倉庫業も、システム化した倉庫を持っていますから、結構、何件ものシステム開発負担が重なり、多くの費用がかかっています。倉庫建設資金とか、車両購入資金などならば、目に見えるものですので、金融機関の稟議は通りやすいと思いますが、PCやプリンター、通信機器の大量購入やシステム開発費用などについては、なかなか金額も定まらない上に、大きく予算オーバーすることもあります。金融機関にお願いすると、金額が変わったり、契約書が徴求できないなどで、稟議書を本部に上げることができないということで、都度の

稟議の承認を取ることにはなじみませんね。そのような時に、不要になった設備や什器備品の売却までのつなぎ資金融資が受けられれば、有難いですね。

鈴木　確かに、最近のAIやビックデータ、IoTの発展で、小さいものでありながら、高価な機器や什器の設備投資が増加していますね。その上に、従業員やパートさんの研修コストなどの関連費用もかなりかかり、このような資金負担は企業にとっては、まとまれば、大きな負担になりますね。一方、土地建物を使った製造工程ラインまた搬入・搬出設備などの大掛かりな設備やスペースが不要になってきています。我々税理士も、１年に一度くらいは、顧問先企業の資産の見直しを行い、スクラップ＆ビルドの見方で、資産の入替えの検討をする必要を痛感しますね。しかも、それら電子機器などは日々性能が向上し価格は安くなる傾向にありますから、導入の意思決定はタイミングと価格動向の両にらみで難しくなっていますね。手元に現金が必要になりますので、不要不急資産の売却代金見合いのつなぎ資金融資は、このような時代には極めて有効な融資だと思いますね。

高橋　その通りですね。かつての設備更新や、買換え時には、担保に取る新規設備の価値を金融機関が算出して、担保評価を行って、いくらまでなら融資ができるという概数を取引先に告げて、その後、やっと企業が購入計画を策定するという悠長な流れでしたね。その間、旧設備がいくらで売れるのか、その代金はどこの金融機関に入り、返済はどの借入れにするのか、また、担保設定・解除はいつ・いかに行うのか、融資金額は一括実行するのか分割実行するのか、その融資代わり金はいかに支払われるのか、など、企業経営者は金融機関の担当者と、全く付加価値の伴わないような事務的な話合いに長時間を費やされることが多かったですね。その点、スクラップ資産の売却つなぎ資金の融資は、効率的で合理的な融資形態かもしれませんね。新規の設備への支払資金融資が必要になれば、その資金を融資する金融機関は、つなぎ資金の返済状況を見

ながら、新規設備の概要を把握して、新規設備資金融資の実行手続や担保設定をジックリ検討することができるようになりますね。実際、最近の企業は、手元資金をある程度持っているようですから、この方式が現実的なのかもしれませんね。

佐藤 今日は、ABL融資から、「スクラップ＆ビルド」の資産売却へのつなぎ資金のお話をしていただきましたが、この資産に関する融資、いわゆる、アセット・ファイナンスという融資についても、よく理解することができました。ここまでは、融資金額が企業の事業に支払われると、マネー循環して、資金が戻り、その返済財源になって、返済されるという、キャッシュフローをベースにしたお話でした。これで、当初予定した6回の勉強会は完了することになりますが、勉強会において新しい課題も出てきました。現在は、「事業性評価融資」とか、「金融検査マニュアル別冊（中小企業融資編）」、「知ってナットク！」また「ESG投資」などという、非財務情報に絡めた融資の理解が必要になってきており、また世間でも大きな話題になっていますね。非財務情報は、直接数値に関係ありませんので、キャッシュフローとはまた別の融資であると思われます。もし、高橋先輩のご理解が得られるならば、もう1回勉強会を追加していただきたいと思います。この次の勉強会は、現在話題になっている非財務情報の融資のお話で、質疑をお願いしたいと思うのですが……。

鈴木 それは良い提案だと思います。この非財務情報にかかわる融資は、金融庁が金融機関に推進するように言い続けていますが、なかなか、融資の現場に定着しているとは言えませんので、ぜひ、皆様にご意見を聞いて、高橋先輩に、中小企業や税理士へのアドバイスをいただきたいですね。（高橋先輩は快諾）では、皆さんは、「金融検査マニュアル別冊（中小企業融資編）」の事例をほぼ網羅し、それを簡単にまとめた「知ってナットク！事例集（http://www.fsa.go.jp/policy/chusho/nattoku_jirei.pdf）」をご一読し、ESG投資については、「日本経済新聞 平成29年10月

18日の朝刊の第1面」を読んで、参加してください。

POINT

1. 不要不急資産の売却代金のつなぎ資金融資とその見合い融資は、現代では極めて有効な融資である。

III

金融機関との交渉・対話

1 融資案件に結びつく非財務情報

鈴木 では「知ってナットク！事例集」を一読されましたか。この事例は、ほとんど「金融検査マニュアル別冊（中小企業融資編）」の事例を網羅していますが、皆様はそれぞれの事例について、どのように思いましたか。

金子 正直申し上げて、それぞれの事例に対する金融機関の評価は「甘すぎる」のではないかと思いました。実際は、金融機関は、赤字が出たり、その赤字が続いたり、債務超過になった場合は、債務者区分は、破綻懸念先か、良くて要管理先になり、まさに、不良債権先に認定され、返済を迫られるか、新たな担保を差し入れるか、少なくとも金利の引上げになると思います。具体的に、この事例では、借入金額や期日を定めた申込みのケースはありませんでしたが、債務者区分は不良債権ではないことから、融資も前向きに検討することになるものだと思います。もしも、この融資を稟議書に落とし込んで、金融機関の上司の承認や本部の審査部長の承認を取ることは、外部の私の目から見ても、やはりこのケースは難しいのではないかと思います。

佐藤 私も、金子君と同じ意見で、金融庁がいくら旗を振っても、融資の現場は与信管理に厳格な上司への忖度で、なかなか、稟議を上げるのが難しいのではないかと思います。実際、金融庁も、金融行政方針で、「日本型金融排除」や「担保・保証に依存する融資」を戒めていましても、融資の現場の空気は与信管理重視であまり変わらないように思います。金融機関の担当者は、「知ってナットク！事例集」とか、「金融検査マニュアル別冊（中小企業融資編）」の事例のようには、融資の目線を引き下げることは、なかなかできないのではないかと思います。現在も、「事業性評価融資」を推奨するように、金融庁から指導されていますが、未だに、その残高が増加しているとは聞きませんね。金融機関の融資担当者は、本当に、「事業の価値や将来の可能性」を見極めて「事業性評価融

136

資」を推進しているのでしょうか。もしも、その通りならば、この「知ってナットク！事例集」の事例が、各金融機関から承認され、融資残高も伸びると思うのですが……。

山田　特に、事例14については、私ども旅館業を営む者にとっては、金融機関がこんなに甘い対応をしてくれるとは、信じられません。このロッジは、「条件変更を行っており経営改善計画の進捗が遅れ、３期目の売上高が計画比３割程度で返済キャッシュフローはほとんどない状態」ということでは、今までの金融機関では支援を続けるとは全く考えられませんね。

POINT 14

経営改善に向けた取組みを高く評価します

経営改善計画の進捗が遅れていても、その原因を分析し、今後の改善が見通せるならば、計画どおりに進んでいる場合と同じように取り扱います（知ってナットクP11参照）。

経営改善計画を下回った要因が、景気等の外部要因による一時的な影響であり、今後、解消するならば問題ありません！

事例14　事例：ロッジ経営者Wさん（借入残高8千万円）

概況：スキー場の周辺でスキー客を主な顧客とするロッジを経営している。
- ロッジの老朽化等から宿泊客が減少したことにより、連続して赤字を計上し、債務超過状況に陥った。
- Wさんは、ロッジの増改築や新たな顧客獲得のための宣伝活動等により、5年後に黒字化するとともに債務超過を解消することを織り込んだ収支計画を策定、提出した。X信用組合は収支計画を検討し、条件変更（元本返済猶予）に応じた。
- 計画を策定後、1、2年目は売上・実績とも計画比9割程度達成した。
- 3年目の今期、暖冬に加えスキー場の人工降雪機の故障も重なりほとんど営業できず、売上高は計画比3割程度しか達成できず、返済キャッシュフローはほとんどない状態である。
- 来期からスキー場では最新の人工降雪機を導入する予定。

※ 別冊事例14

評価
- 計画策定後、1、2年目は売上・収益とも計画比9割程度の実績で推移するなど、計画の実現可能性が高い。
- 今期は、暖冬及び人工降雪機の故障から計画比3割程度の大幅未達となった。
- 来期からスキー場では最新の人工降雪機を導入し、暖冬の際にも対応できることから、来期以降は、計画比8割以上の達成が見込まれる。

以上のことから、経営破綻に陥る可能性は高くない貸出先と評価されます（問題ないとまではいえず、注意は必要です）。

なお、本事例は、条件変更を行っており、経営改善計画の進捗状況が遅れていますが、原因を分析した結果、今後の経営改善が見通せるので不良債権にはなりません（リーフレット「中小企業の皆様へ」参照）。

中田　私も、事例15の金融機関の支援は、信じられませんね。Z銀行は、「借入残高が20億円で、売上げは前年比横ばいで、借入れは金利のみの支払いで返済猶予中である」ならば、やはり、毎月の分割返済の要請か、担保差入れの要求を行うものと思われますが。

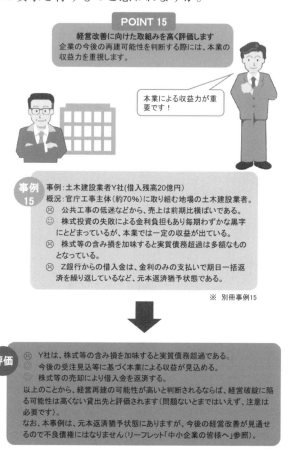

高橋　佐藤君、金子君、山田君、中田君のご意見はよくわかります。今までの金融機関の融資担当者の対応は、与信管理重視で、業績の悪い企業に対しては、審査が厳しくなかなか融資の承認をしてくれない感じでしたね。しかし、今の金融機関は、融資に積極的にならないわけにはいかないのです。金融機関は、ほとんど預金の方が貸出よりも多い上に、ゼ

ロ金利・マイナス金利で、融資残高を伸ばさなければ収益を上げること
ができず、自行庫の経営も成り立たないのです。その手段としては、
「事業性評価融資」の残高アップを図ることですね。

　一方、地域金融機関としても、収益環境が急回復しない限り、この
「事業性評価融資」の取引推進に向けて、融資担当の人材を増やすことは
できず、たとえば、本部連携や外部連携などによって、この融資のアッ
プを図る工夫をしなければなりません。そのためには、与信の目線を引
き下げ、融資を申し込みやすくしながらも、不良債権を増加させないこ
とも考えなければなりません。借り手企業の情報収集を目指し、経済産
業省施策の「ローカルベンチマーク」と金融庁の「金融仲介機能ベンチ
マーク」を活用することも一策ですね。金融機関は、「ローカルベンチマ
ーク」で、借り手企業の情報開示と対話の徹底を行い、「金融仲介機能ベ
ンチマーク」に示すように、債務者の情報を収集して、与信リスクを抑
え込むことが現在のインフラを使った手法かもしれません。

三浦　私どもは、最近ですが、金融機関に依頼しないでも、税理士さんと
協力して、自ら情報開示ができるようになっています。顧問税理士とは
別にコンサルティングの税理士先生をお願いしています。当社も倉庫の
建設に当たり、設備投資の固定資産税の節税に、「ローカルベンチマー
ク」を活用しましたが、金融機関の融資にも、同様に、この「ローカル
ベンチマーク」を使うことができるのですね。中小企業庁が推進してい
る「中小企業等経営力強化法」では、中小企業自身が、「ローカルベンチ
マーク」や「経営力向上計画」を策定し、種々のメリットを受けること
になっています。経営力向上計画については、税理士等の認定経営革新
等支援機関（＝認定支援機関）が支援することにもなっています。中小
企業も、昔と違って、税理士先生と組めば、情報開示はかなり容易にな
っていますよ。

高橋　さて、話を戻しますが、金融機関も、中小企業への融資に対して、
「地域貢献」の役割を十分発揮しなければならなくなっています。もとも

と、地方銀行のほとんどが上場会社であり、信用金庫や信用組合も、同様な内部統制を行っていることから、「コーポレートガバナンス・コード」や「スチュワードシップ・コード」を順守しなければなりません。これらのコードでは、金融機関に対して、ESG投資の対象企業になることを期待しています。ESGとは、環境（Environment）、社会（Social）、ガバナンス（Governance）の頭文字を取ったものです。環境面では温室効果ガスの排出削減・省エネルギーの推進、社会面では地域社会での貢献活動・女性の活躍などの推進、ガバナンスではスチュワードシップ・コード、コーポレートガバナンス・コードの順守などが挙げられます。

　このように、金融機関も、ESG情報については、真正面から取り組むことになっており、特に、「S」である社会面では、「地域社会での貢献活動」に重点が置かれ、今後、金融機関自身への機関投資家などの評価に対して、この地域社会での貢献活動がポイントになります。

■☞ ESG投資の主な評価項目

環境 （Environment）	●地球温暖化対応 ●省エネルギーの推進 ●生物多様性の保護 ●水資源保護　　　　　　等
社会 （Social）	●地域社会貢献 ●女性活躍推進 ●従業員の健康　　　　　　等
ガバナンス （Governance）	●法令順守 ●情報開示 ●公正な競争　　　　　　　等

ESG投資の投資残高は約23兆ドル（約2,600兆円）と世界の
運用資産の3割に迫る！（日本経済新聞　平成29年10月18日）

　先ほどの山田君の事例14と中田君の事例15については、「地域金融機関の地域社会での貢献活動」という観点からも、地域金融機関は、中小企業融資の支援を積極的に行ったものとも思われます。総じて言えば、「知ってナットク！事例集」の各事例は、地域の企業が地域金融機関に対

して情報開示と十分な対話を交わしながら、誠実に経営改善計画を策定済みまたは策定しようとしています。この事例集の事例では、それぞれの企業の経営者については誠意ある人柄であり、金融機関も信頼を寄せることができる人材で、この良好な関係の上に、各金融機関は企業の置かれた環境をいろいろ検討して、今後支援を行うために、不良債権先にはならないような債務者区分の結論になっていますね。

吉村　今後、地域金融機関は、自らがESG情報によって、機関投資家に評価されるようになることから、融資の現場にいる支店の融資担当者も、取引先の非財務情報を尊重しながら、「地域社会での貢献活動」に注力するようになるということですね。現在、金融円滑化法で各金融機関は、数十万社とも言われる中小企業に返済猶予を許容しているようですが、中小企業の倒産は極めて低い水準を続けていますね。これは、金融機関が地域の企業に対して返済を迫らない「資本性借入金」を提供している感覚で、「地域社会での貢献活動」を行っているとも解釈できるのでしょうね。このことは別の見方をすれば、金融機関が中小企業に対して、非財務情報を重んじて返済猶予を行えば、企業は倒産せずに存続でき、その間に再生のチャンスが生まれる可能性があるということですね。今後は、事業性評価融資やローカルベンチマークなどの新施策が、金融機関の支店の融資担当者に浸透すれば、「知ってナットク！事例集」の各事例が、「地域社会での貢献活動」を重視しながら、増えてくることになるのでしょうね。

鈴木　確かに、地域金融機関は地域においては間違いなく大企業であり、ガリバー的な存在で、地域の中小企業が申請してきた融資案件に対して、「そこまでおっしゃるなら検討してあげましょうか」というような上から目線の感覚で接していたのかもしれません。企業や事業の問題点の指摘は行っていたものの、やはり、その企業と金融機関が協働で「地域社会での貢献活動」を行うという姿勢が少なかったのかもしれません。既存の融資の毎月返済が滞ると、一方的に、企業のキャッシュフローに問題

があると決めつけていたように思います。その融資を実行する時に、金融機関自身が企業のキャッシュフローの検討を十分に行わなかったことに原因があるかもしれません。このことを棚に上げてしまうこともありましたね。また、税法で認められている減価償却の柔軟な対応で作成した企業のバランスシートを問題視したり、購入時価格が認められている固定資産に対して減損評価を強要するなど、金融機関独自の「自己査定・資産査定」という厳格な会計基準の見方を、中小企業に押しつけることなどもあったと思います。

　複数の金融機関からの融資に対して、自行庫の実行シェアの引下げや、返済のシェアの引上げばかりを強要することもありました。業績が良くなれば、その逆の動きになるのです。このようなことは、融資を増加しなければならない金融機関としては、是正しなければなりませんよね。今後においては、企業自身の決算報告を中心にした定量的な評価ばかりではなく、その企業群の動きやその企業の属する業界の動き、その企業の地域における希少性の価値を評価するなど、定性的な非財務情報を中心にした「地域社会での貢献活動」の価値を重視しなければならないことになるということですね。

高橋　鈴木君も顧問税理士や関与税理士として、従来の企業における金融機関の対応の厳しさに対して、かなり問題意識を持っているようですね。しかし、「知ってナットク！事例集」や「地域金融機関に対するESG投資の見方の徹底」によって、企業に対する非財務情報の見方が変わり、融資審査も変更されることになると思いますが……。

吉村　そうあってもらいたいですね。確かに、金融機関を産業全体を眺めるような大きな視点で見てみますと、金融機関は、私ども企業に客観的で冷静な経営のアドバイスをしてくれたものの、その金融機関に対して、監督官庁である金融庁以外の外部の目で見たアドバイスはあまりなかったみたいですね。そのような別の業界から見た視点によるアドバイスで、我々企業経営者は、頭が真っ白になるものの目を覚まされることはよく

ありますね。金融機関の助言によって、目が覚めることもあったという
ことですね。金融機関も、外部の見方である「ESG投資の見方の徹底」
で、取引先の顧客対応も変わればよいと思います。未だに、支店の担当
者は、融資判断において、企業単独の決算データを重視し、ESG投資
のような非財務情報の見方はできていないように感じますが……。

山田　吉村さんのおっしゃる通りですね。話を蒸し返すようで申し訳ない
のですが、先日も、私どもの親しい友人に対して、ある地域金融機関の
担当者が、「赤字先や債務超過先に貸出したり、決められた毎月の分割
返済をしないような先を見過ごすことは、預金者に大きな迷惑をかける
ことになりますので、そのような企業には、返済を猶予することもでき
ませんし、信用貸出などは全く考えられませんね。そんな企業には、毅
然とした厳しい対応が欠かせません」と、上から目線で強く言いきって
いたようです。ESG投資先は、赤字先や債務超過先もかなりあるものの、
将来的にはESGを重視した運営が皆に認められ、黒字化になり財務体
質も強化される企業ということですよね。そのような長期的な世界標準
の視点を金融機関の融資担当者にも持ってもらいたいものですし、その
ためには、金融機関に対して外部の方から、「ESG投資の見方の徹底」を
言い込んでもらうことも大切だと思います。

佐藤　外部の方から「ESG投資の見方の徹底」を言い込むことは、重要で
あることは認めますが、現在の金融機関は、どうしても数値重視の意思
決定をしており、下位のポストの融資担当者が上位のポストの意思決定
者に申請をする稟議制度が定着していますね。そこでは、数値化がやり
にくい非財務情報のESG情報を真剣に意思決定者は評価してくれるの
でしょうか。まして、その稟議書は、金融機関の大組織の中の下位のポ
ストの融資担当者が起案するのですから、その数値化されていないよう
な定性的な文章を上位のポストの意思決定者が偏見なしに読んでくれる
ものなのでしょうか。そのために、中小企業自身が、「ローカルベンチ
マーク」や「RESAS」「経済センサス」などのビッグデータに基づいた

143

資料を、稟議書に添付することがその解決策になることは理解できますが、これだけで、金融機関の長く続いた数値重視や下意上達（ボトムアップ）の意思決定の文化を変えることはできるとも思いませんが……。しかし、今回は、金融機関も、構造的な収益減少問題に直面し、人材リストラや組織体の統廃合まで真剣に考えているときですから、やはり、抜本的な改革をしなければならないと思いますね。この数値とボトムアップの意思決定の文化に変革はできませんかね。

高橋　佐藤君のおっしゃることはもっともですね。金融機関に長くいると、なかなかその文化に浸ってわかりませんでしたが、私も、関係会社と言えども別の会社に移ってみて、その文化の変革の重要性は共感できるようになりました。確かに、数値主義と下意上達のボトムアップ文化は、この変革の激しい時代には、問題がありますね。「ESG投資の見方の徹底」と言っても、これはなかなか数値化ができませんし、権威のある本部審査部には下位のポストの支店の融資担当者は、非財務情報・定性情報だけでは説得力はありませんね。

鈴木　では、私の顧問先の中堅企業で成功した改革案を高橋先輩にお話しします。その企業は、もともと技術者が何人か集まって作ったメーカーでしたから、社内の意思決定は合議制でスタートしました。徐々に会社が大きくなってきましたので、やはりボトムアップの稟議制度を採用してきました。しかし、新入社員が入り、中途採用組が増加してくると、その下位のポストのメンバーが、直属の上司の顔色を伺い、現場から遊離した保守的な稟議申請ばかりが出てきて、会社全体の活力がなくなってきて、かつての創業メンバーはその稟議書制度に不満を持つようになりました。

　そこで、各現場に、本部にいるメンバーが、現場の実態を想定して、具体的な目標やガイドラインを示し、その方針で進むようにトップダウンの指示を出しました。当社では、このやり方がスタートした当初、そのトップダウンの方針に現場は抵抗し、本部も目標やガイドライン作成

に余計な時間がかかりましたので、不満が噴出してきましたが、今では、本部・現場ともうまくワークしています。本部では、その目標やガイドラインの作成にあたり、監督省庁や外部環境・内部環境、当社の過去の歩みなどを総合的に検討し、その考え方をまとめ、現場に丁寧に説明することになり、現場はその考え方の至らない点や問題点を冷静に見直して、これらの点を主張するようになりました。

　以後、直属の上司に忖度したり周りの空気を読むようなボトムアップの稟議書は、前向きで建設的な提案を含んだ現場感覚の稟議書に変わったそうです。金融機関も、本部・審査部などが、金融庁や本部各部の細かい意向を含めた目標やガイドラインの作成を行い、現場である支店と対話を行うことで、「ESG投資の見方の徹底」なども、現場に浸透し、生きた稟議制度が戻るのではないでしょうか。

高橋　鈴木君、ボトムアップの稟議制度に対して、トップダウンで検討した目標やガイドラインの提供については、当然のお話のようですが、私には、目から鱗の感覚で、実に有難いアドバイスに思いました。まさにその通りですね。本部・審査部は、「ESG投資の見方の徹底」を行内に定着させたいものの、環境問題、社会問題、内部統制問題を支店の融資担当者が拡大解釈して、ベースにある財務情報による与信管理を軽視して、顧客の感情的な論理に引っ張られて、不良債権が増加することは避けたいと思っているのだと思います。だからと言って、本部・審査部が支店に対して、「ESG投資の見方の徹底」の具体的な施策を出さないます、現状の稟議制度を守っていれば、直属の上司に忖度し周りの空気を読むとまでは言わないものの、取引先や現場の実態を反映しないボトムアップの稟議書ばかりが横行するような気がしますね。本部・審査部が、自ら持っている取引先の業界情報やRESAS・経済センサスなどの地域情報を使って目標理論を作成し、これによって各支店に目標案を配布し、その目標案に対して、本部と支店が対話を行うならば、本部の意向が支店に浸透するかもしれませんね。

このようなプロセスを経れば、「ESG投資の見方の徹底」の考え方が支店に広がり、個別の企業の案件に対しても非財務情報を反映した検討がなされ、「知ってナットク！」や「金融検査マニュアル別冊（中小企業融資編）」などの事例を踏まえた稟議書が本部・審査部に上がってくるかもしれませんね。同時に、支店の担当者から各取引先企業の経営者などに、環境問題、社会問題、内部統制問題や地域の固有の問題などに関する非財務情報が提供され、地域企業と支店担当者との対話も活性化するかもしれません。金融機関内部の問題点を、お話ししてしまいましたが、このことは、金融機関独自の問題とばかりは言えませんよね。先ほど、鈴木君が事例を挙げたベンチャー企業に限ったことではなく、中小企業から中堅企業に成長し、稟議制度を社内に持つようになった企業などには、このボトムアップ稟議制度とトップダウンの非財務情報の浸透についての検討事項は、役に立つものだと思いますね。

金子　私どもメーカーにとっても、高橋先輩と鈴木先輩のおっしゃられた検討事項は、重要な問題だと思います。幸い、当社も順調に成長し、規模も大きくなって来ており、従業員や取引先数も増えてきています。上場企業との取引も徐々に大きくなり、「コーポレートガバナンス・コード」や「スチュワードシップ・コード」またそれに絡めた「ESG投資」の話も出てきています。特に、東芝問題や神戸製鋼所の問題の後は、上場企業の当社担当者からもこれらの話はよく出るようになっていますね。上場会社の役員や幹部は、ESG投資の環境問題、社会問題、内部統制問題については、十分認識しているものの、全社レベルに情報共有することはなかなか難しいと言っています。工場の取引先や周辺地域の行政や住民に対してこの考え方が浸透できるか、ボトムアップの稟議書にまで徹底できるか、皆、悩んでいますね。

　コンプライアンス・ガバナンスという言葉は、一般化されていますが、実際に、社内の全員に徹底し、アクションプランまで落とし込むことは難題ですね。その点、トップによる目標を各部署に、目標理論で割り振

り、本部と各部署で対話をするということは、ボトムアップの稟議制度と相乗効果があり、企業活性化につながることであるように思います。確かに、環境問題、社会問題、内部統制問題などの非財務情報をベースにした投資案件は、直ちに利益は出てこないことが多く、数値化された財務情報にも反映しませんので、社内全体に、ESG投資マインドが徹底されることが大切ですね。金融機関にとっても、行内全体にこのESG投資マインドが徹底できれば、非財務情報をベースにする「事業性評価融資」の推進マインドが高まるように思われます。僭越な発言になってしまい、申し訳ございません。

山田　そんなことはありません。皆様の議論は大変参考になりました。私は、先ほど、事例14について、「この事例のロッジは、金融機関に条件緩和を行ってもらったのに、経営改善計画の進捗が遅れ、3期目の売上高が計画比3割程度で返済キャッシュフローはほとんどない状態になっており、これ以上金融機関は支援を続けるとは難しいと思う」と述べました。しかし、もしも、この金融機関の本部が「地元のスキー場に対する暖冬対策として、その融資担当支店には、別枠の目標を設定する」とか、「すでに設定した目標に対して、期末評価で予実調整を行う」などという目標調整やガイドライン修正を行えば、支店の担当者は本部と事例14の内容の債務者区分の調整を行って、業績が戻るまでの人件費補填融資や広告宣伝費融資の稟議を上げやすくなり、このことは地元企業にとっても金融機関に融資相談をやりやすくなるということですね。

　すなわち、「知ってナットク！事例集」の事例14の場合は、融資申込企業が、ローカルベンチマーク・ツール資料に加えて、暖冬に関する地域スキー場の関連新聞記事やRESASの観光マップ項目、地元行政機関の「まち・ひと・しごと創生総合戦略」の該当箇所のコピーなどの参考資料を金融機関に提出すれば、金融機関の融資担当者も、自信をもって、その稟議書を本部に送って承認を得て、円滑に融資ができるようになるということですね。

高橋 その通りだと思います。この場合も、「地域社会での貢献活動」の視点で情報提供を行うと同時に、今まで勉強してきた資金使途を使った具体的な融資の申込みをするということになるのですね。この金融機関の本部が、目標調整やガイドライン修正の方針を各支店に通達などで知らせれば、支店の融資担当も、テリトリー内のロッジと自信をもって融資案件の相談・助言を行うことができると思います。これらのロッジも、「金融機関に支援をお願いしても良いものか、もしかしたら、既存の借入金まで返済を迫られてしまうのではないか」などという不安もなしに、胸を張って融資の申込みに来てもらえると思いますよね。

中田 私も、事例15の土木建設業者Y社に対する金融機関の寛大と言える支援は信じられないと発言しました。Z銀行は、「借入残高が20億円で、売上げは前年比横ばいで、その借入れは金利のみの支払いで返済猶予中である」ということで、この金融機関は、毎月の分割返済の要請か、担保差入れの要求を行わなければ、支援を続けられないと思うと言いました。仮に、支店の担当者が寛大策をOKしたとしても、今までの私の銀行交渉の経験からはとても本部への稟議は通すことができないと思いました。しかし、皆様の議論をお聞きするならば、この金融機関の本部が、地元の土木建設業者の減少傾向の中、これ以上の土木建設業者の転廃業を認めたならば、地域の公共施設や道路、農林水産業支援業務が維持できなくなるとの結論を出したものと思いました。この土木建設業者Y社を支援することを本部からの目標の指示やガイドラインの修正で実行されたのかもしれないものと思われました。

たとえば、「地元の土木建設業者に対する雇用維持対策や土木建設備維持施策として、その融資担当支店には、別枠の目標を設定する」とか、「すでに出された各店の目標に対して、予実調整を期末以後に行う」などという調整・修正を本部が実施したならば、支店の担当者は本部と事例15の土木建設業者への債務者区分の調整を行うことになると思います。調整後の債務者区分で、雇用維持のため賞与資金融資や設備維持

の建設機器修理費用融資が取引先から申し込まれたならば、支店担当者から本部に稟議申請が直ちに上げられると思います。もちろん、この稟議申請に先立って、債務者である企業または顧問税理士から、ローカルベンチマークや決算書、経営改善計画書の情報開示資料に加えて、RESASの「産業構造マップ」「全産業の構造」の土木建設会社のデータや「まち・ひと・しごと創生総合戦略」の資料をホームページなどから出力し提出することがポイントになるということですよね。

高橋 そのような資料を提出することは欠かせないと思います。まさにこの土木建設業者は、一般的には、不良債権先に評価されてもしょうがない先のようですから、実現可能性の高い抜本的なしっかりした経営改善計画を策定し、ローカルベンチマークを叩き台にして対話を行うような先ですね。しかも、地域金融機関が、地域の活性化のためにこの企業やその事業が必要であることを認めていることを明確にするべきであると思います。そのためには、RESASの土木建設会社のデータや「まち・ひと・しごと創生総合戦略」の資料の提出は、大切だと思います。当社の場合は、借入残高が20億円もありますから、この金融機関の本部にもこの企業の関連資料をかなり保有していると思います。金融機関の本部担当者と支店担当者は連携を組んで、トップダウンの方針変更や目標やガイドラインの修正を行い、支店担当者はボトムアップの稟議書と添付資料を充実させながら作成して、本部・審査部の承認を取ることがポイントになりますね。

　ということで、今回は、金融機関の融資案件の意思決定手段である稟議制度にまで踏み込んで、皆様と議論をしましたので、かなり金融機関への「事業性評価融資」の申込み方法や、その申込みの準備資料なども、理解いただけたと思います。私としても、金融機関の意思決定について、ボトムアップ形式の稟議制度の問題点を、トップダウンというか、本部の目標やガイドラインの修正で、調整することについて、気付かされました。

次回は、ここまで勉強会を重ねてきましたので、皆様に、それぞれの取引先金融機関に訪問していただき、その結果を情報交換するということではいかがでしょうか。金融機関において、非財務情報に対する扱いや事業性評価融資の姿勢はバラバラであり、ローカルベンチマークやRESASについて講習会をした金融機関もあれば、融資担当者がそのホームページを見たこともない金融機関もあります。金融機関がそれぞれの業種や企業にいかなる対応を行っているか、その実態把握を行うと同時に、各金融機関の資金ニーズの捉え方や融資にかかわる助言を持ち寄って、皆様で情報共有することも大切だと思いますね。

鈴木 その通りですね。今までの勉強会が、基礎編であるならば、次回は実践編ということになりますね。皆様がよろしければ、高橋先輩のご提案を実践してみませんか。

佐藤 そうですね。私は、賛成です。今は、具体的なイメージは沸きませんが、「知ってナットク！事例集」の私ども各企業の業種に関する事例や、中小企業庁のホームページの「中小企業等経営強化法」における「事業分野別指針及び基本方針」、その項目の「概要」における各業種の指針についての説明を読みますと、金融機関の融資担当者との交渉にはとても役に立つと思います。

吉村 その通りですね。私も、中小企業庁のホームページの「中小企業等経営強化法」の「事業分野別指針及び基本方針」を読み、参考になりましたが、かなり分量があり負担感もありました。その「概要（簡易版）」は以下の通り（次ページ）で、全体像を俯瞰できますが、税金面と金融措置にむけた申請手続きが詳細に書かれており、読み方を間違えると「木を見て森を見ず」の感覚になってしまいます。

「事業分野別指針及び基本方針」につきましては、「事業分野別指針の概要」の項目にコンパクトにまとめられており、私の会社に関係する「外食・中食産業に係る経営力向上に関する指針」の概要は以下の通りです（152ページ）。また、詳細は、「平成28年7月1日の指針の全文の書き

融資案件に結びつく非財務情報 1

「中小企業等経営強化法」の概要

1. 背景
(1) 人口減少・少子高齢化の進展や国際競争の激化、人手不足など、中小企業・小規模事業者・中堅企業(以下「中小企業・小規模事業者等」という。)を取り巻く事業環境は厳しさを増しており、足下では生産性が低迷し人材確保や事業の持続的発展に懸念が存在。
(2) こうした中で、中小企業・小規模事業者等が労働の供給制約等を克服し、海外展開等も含め、将来の成長を果たすべく、生産性の向上(経営力向上)を図ることが必要である。

2. 法律の概要
(1) 事業分野の特性に応じた支援
— 国は、基本方針に基づき、事業分野ごとに経営力向上の方法等を示した「事業分野別指針」を策定。個別の事業分野に知見のある者から意見を聴くなどして、中小企業・小規模事業者等の経営力向上に係るベストプラクティスを事業分野別指針に反映させていく(PDCAサイクルを確立)。

(2) 中小企業・小規模事業者等による経営力向上に係る取組の支援
— 中小企業・小規模事業者等は、事業分野別指針に沿って、顧客データの分析を通じた商品・サービスの見直し、ITを活用した財務管理の高度化、人材育成等により経営力を向上して実施する事業計画(「経営力向上計画」)について、国の認定を得ることができる。認定事業者は、税制や金融支援等の措置を受けることができる。
— また、支援機関は、国の認定を得て、中小企業・小規模事業者等による経営力向上計画の作成・実施を支援する。(現行では、商工会議所、商工会、金融機関、士業等が支援機関となっている。)

3. 措置事項の概要

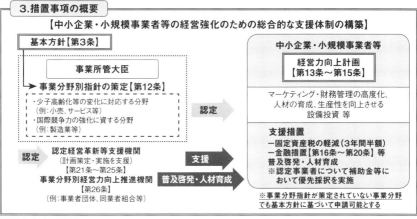

経営力向上の事例

サービス業における取組(例)
売上、予約状況等の情報をタブレット端末を用いて、各所の従業員にリアルタイムで共有。細やかな接客や業務の効率化による収益向上を実現。

製造業における取組(例)
自動化された工作機械を導入しつつ、従業員の多能工化を促進し、一人で管理できる工作機械を増やし、収益力の向上を実現。

出し部分」をご参考にしてください。いずれにしても、ここに書かれた内容は、各省庁が監督している業界について、最新の情報をもとにまとめた客観的な視野による「業界情報」です。しかも、中小企業が経営改善計画である「経営力向上計画」を策定するための参考資料ですから、信

■☞ 指針の概要
外食・中食産業に係る経営力向上に関する指針②

- 外食・中食産業については、バックヤード業務を効率化するとともに、顧客満足度を向上するためにサービスの品質や付加価値の向上等に取り組むことを通じて、経営力の向上を図る。

	経営力向上に関する取組内容（一部抜粋）
営業活動に関する事項	▶ 商品・サービスを提供するターゲット層の明確化 ▶ マーケティングや商品・サービス開発、販路拡大等による顧客価値の向上、新規需要の創出 ▶ 商圏や競合環境を踏まえた独自の付加価値を生み出す商品・サービスの工夫 ▶ 国産食材の活用による商品・サービスの高付加価値化 ▶ 消費者への情報発信方法の工夫 ▶ ICTを効果的に活用した顧客サービスの提供
コストの把握・削減に関する事項	▶ 商品・サービスごとの食材のロスの把握と抑制 ▶ 変動要因を加味した販売予測 ▶ サプライチェーンの各段階間の物流の効率化 ▶ セントラルキッチンの導入や食品メーカーとの提携による店舗内における調理労働の単純化・効率化
マネジメントに関する事項	▶ 中長期的な経営計画の策定等を通じた店舗展開等の経営戦略の検討 ▶ 作業工程の標準化及びマニュアル化 ▶ 従業員の能力を最大限活用するための適切な人事・労務管理 ▶ HACCP等の導入による科学的な衛生・品質管理
人材に関する事項	▶ 従業員の労働条件、労働環境等の整備・改善 ▶ 消費者の信頼を高める情報提供やコミュニケーションの強化を図る人材の育成 ▶ 女性や高齢者等の多様な労働力の活用
IT投資・設備投資・省エネルギー投資に関する事項	▶ POSシステムやオーダー・エントリー・システムの導入 ▶ バックヤード業務のICT化 ▶ 労働環境や作業効率、エネルギー効率等の改善を図るための設備・機器の切替え

頼できるものと思います。私は、「知ってナットク！事例集」とこの「中小企業等経営強化法における事業分野別指針及び基本方針の概要」を一読してから、金融機関に融資の申込みに出かけたいと思っています。

三浦 佐藤君と吉村さんのおっしゃることは、よくわかりました。私どもはかつて赤字を経験し、金融機関に対しては、やや敷居が高く感じていましたが、今回の一連の勉強会で、「金融機関交渉において、赤字は決して遠慮をする必要はない」と思えるようになりました。佐藤君と吉村さんのように、私も金融庁と中小企業庁のそれぞれのホームページで、自分たちの業種に関する項目を読んで、金融機関の担当者との融資交渉にチャレンジしたいと思います。

融資案件に結びつく非財務情報 1

POINT

1 金融機関は、ゼロ金利・マイナス金利下で融資残高を伸ばさなければ収益を上げることができない。その手段としては「事業性評価融資」の残高アップを図ること。

2 金融庁などは、金融機関にESG投資の対象機関になることを期待しており、特にS（社会面）の「地域社会での貢献活動」がポイントになる。そこで、金融機関としては、本部・支店のすべてのメンバーに非財務情報の徹底を図ることになっている。

2 金融機関融資担当者との交渉

　この勉強会に出席していた経営者6人は、各メイン金融機関の融資担当者に連絡を取って、その支店を訪問することになりました。6人とも、「知ってナットク！事例集」と「中小企業等経営強化法における事業分野別指針及び基本方針の概要」を一読し、ESG投資の概要も通読してから、金融機関に向かうことになりました。なお、「知ってナットク！事例集」の業種別事例一覧は以下の通りです。

業種別事例

小売業……………………事例1、事例19、事例22
食料品小売業…………事例4、事例8、事例21
製造業……………………事例5、事例6、事例7、事例20
食料品製造業…………事例24
運送業……………………事例9、事例12
宿泊業……………………事例10、事例14、事例23
飲食業……………………事例11、事例13
不動産業…………………事例3、事例17
建設業……………………事例15、事例16、事例18
広告制作業……………事例2

---

1 飲食業：長期運転資金融資

　吉村社長は、3,000万円の融資を申し込みに、メイン銀行の石井担当を支店に訪問しました。

吉村　こんにちは。石井さん、お久しぶりです。

石井　こんにちは。社長、ご無沙汰してばかりで済みません。もう、水害の影響は一段落されましたか。

吉村　その折は、いろいろお世話になりました。（雑談の後に……）実は、

今日は、3,000万円貸していただきたいと思いまして参りました。とは言うものの、その融資で、現在、借りている3本の貸出、合計で3,000万円を返済させてもらいますから、借入残高が増加することはありません。すなわち、3本の融資を1本にまとめて、15年間で返済する融資に変更していただきたいということです。

石井 おっしゃることはわかりましたが、そもそも、会社の業績はいかがですか。

吉村 業績は順調ではありませんが、回復基調にはなっています。私どもの5つの店舗のうちの一つが、ご存知のように、去年の大雨時の洪水で水に浸かって、厨房の機器や多くの設備を入れ替えることになってしまいましたので、苦戦はしています。でも、3か月後に営業再開し、会社全体としては、業績は回復しています。行政機関の支援ももらって、資金繰りも目途が立っています。

石井 それは良かったですね。そうならば、今まで通りの返済でよろしいのではないですか。結局、新しい3,000万円の融資とは言いながら、既存の融資の返済期間の延長ということですよね。

吉村 そうかもしれませんが、今までの3本の融資は、すべて、長期間で申し込んだ融資を、銀行さんの都合で、短縮させられたものばかりなのですよ。

石井 しかし、それぞれの融資は、吉村社長と当行が返済期日や返済方法を約束してお貸ししたものですよ。その融資を変更することは、異常事態であり、原則認められません。まして、3本も一緒にして、毎月返済を少なくし、その返済期日を延長する条件緩和は、極端すぎると思いますので。

吉村 石井さんのおっしゃることは、一般論かもしれませんが、現在は変わっているように思います。ここに「知ってナットク！事例集」の事例11がありますが、金融庁もこのような条件の緩和をこの事例で認めていると思いますが。

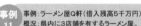

POINT 11
経営改善に向けた取組みを高く評価します
・中小企業においては、大部で精緻な経営改善計画が策定できなくても、今後の経営改善が見通せる収支計画があれば、それに基づいて評価します。
・経営改善計画（収支計画）を策定し、進捗状況が概ね計画どおりの場合、取組みを高く評価します。

売上高等及び収益が計画比の概ね8割に満たない場合でなければ、計画どおり進捗していると認められます！

事例11　事例：ラーメン屋Q軒（借入残高5千万円）
概況：県内に3店舗を有するラーメン屋。
○ 過去、いずれの店舗も立地条件が良く業況も順調であったが、4年前に、各店舗に競合店が相次ぎ出店し、業績が急速に悪化、連続赤字を計上し、2年前から債務超過に陥っている。
○ R信用金庫は、Q軒から返済条件の緩和（元本返済猶予）の申出を受け、これに応じた。その際、店主から店舗改装、新メニュー追加等による黒字化を織り込んだ収支計画を提出された（3年後から長期間で返済開始予定）。
○ 計画開始から1年近くが経過、業績は計画比8割以上の実績で推移し、赤字幅は縮小傾向にある。
○ 依然として債務超過は多額であり、法人預金の取り崩し、経費削減等により資金繰りをつけている。

※ 別冊事例11

評価
○ Q軒は4期連続赤字を計上し、大幅な債務超過に陥っている。
○ 収支計画は大部で精緻ではないが、経営改善に努め、業況の改善が概ね計画に沿って進捗していると認められる。
以上のことから、経営破綻に陥る可能性は高くない貸出先と評価されます（問題ないとまではいえず、注意が必要です）。
なお、本事例は、条件変更を行っていますが、収支計画を策定し進捗状況が概ね良好であるため、不良債権にはなりません（リーフレット「中小企業の皆様へ」参照）。

　この事例11では、4期連続の赤字を計上しているにもかかわらず、その後の経営改善が認められる収支計画があれば、支援を続けるというものですね。当社の全員で検討した経営改善計画もありますし、赤字幅は縮小傾向にあり、金融機関としては、支援を続ける状況にあると思いますが。

石井　金融庁のこの事例については、私も知っていますが、今までの私の経験では、当店の上司や支店長また本部の審査役などは、この事例11のようなケースでは、なかなかOKしてくれませんから、やはりこの3,000万円の融資は難しいと思いますよ。

吉村　石井さんのおっしゃることは、一般論であって、言い方はきついか

も知れませんが、ちょっと評論家の発言のように聞こえるのですが……。とにかく、私どもの具体的なお話を聞いてください。まず、1,500万円の設備資金は、法定耐用年数が15年でありながら、融資申込みの時点で、本部の指示ということで7年に短縮させられました。そして、毎月の返済が苦しくなったら、その時に相談しましょうと言われました。800万円の融資は、昔は当座貸越で借りていましたが、銀行さんから、当座貸越は銀行としてできなくなりましたので、5年間で返済してくださいと言われました。また、700万円の融資は、もともと同業者の飲食店を当社がM&Aした時に借り入れたもので、資本性借入金で申し込みましたが、3年間の返済で様子を見ましょうと言われ、3年間の毎月分割返済融資になりました。いずれの融資も、返済が苦しくなったならば、返済条件を再検討しますという約束で借りたものです。当初の計画した借入期間の融資を受けられませんでしたから、やはり、手元資金が苦しくなってきたのです。具体的には、このようなお話なので、よろしくお願いします。

石井　（石井担当は稟議書ファイルを見ながら）そうは言われましても、各稟議書には、それぞれ経営改善計画を提出してもらい、十分に検討して返済期間も決められたと書かれており、後日、資金繰りが苦しくなった場合のことは、書かれていませんよ。おかしいですね。

吉村　そのように書かれているのですか。我々の交渉については記録されていないのですか。残念ですね。私どもは、社内で十分検討して経営改善計画を作りまして融資申込みをしましたが、支店長の裁量権限や審査部長の権限から、それらはできないと言われました。しかし、いくつかの金融機関に聞きましたら、それらは稟議書で承認を取れば、できると言われました。そこで、手元資金が少なくなってきましたから、今回の融資の申込みになったのです。

石井　しかし、設備資金融資は7年、当座貸越解消資金は5年、そしてM&A融資は3年であるにもかかわらず、一挙に15年の融資では、支店

長や本部の承認はとても取れませんよ。何とか、今のままの融資返済を続けてもらえませんか。

吉村　石井さんのおっしゃることは、昔の銀行員の方と同じですね。どうして、支店長や本部の承認が取れないと言われるのですか。私は、御行に融資を申し込んでいるのであり、内部の事務手続きを聞いているわけではないのですよ。支店長や本部の承認とは、御行の融資承認の事務手続きであり、最終的な意思決定ではありませんよね。

石井　と言われても、上司が稟議を通してくれなければ、融資の実行はできませんので、やはり、融資は実行できないということになります。私の力では、この稟議を書いて上司を説得する自信はありません。

吉村　ということは、石井さんが、私どもの融資申込みに対して、御行を代表してお断りになっているということになりますよ。融資の承認や融資の謝絶は、一人の担当者が決定するということですか……。リーマンショック後の金融円滑化法で、現在、数十万社が返済猶予を受けており、未だに返済計画も出されていないと聞いています。また数年前から、金融庁は、「資本性借入金」や「短期継続融資」「ABL融資」など、返済をしない融資を推奨していますよね。私たちも、今回は、返済のない「資本性借入金」を申し込みたかったのですが、長期経営改善計画で15年返済ならば、返済することもでき、企業成長も可能になるという結論になりましたから、今回の15年返済を申し込むことになったのです。さらに、支店長や本部の承認はとても取れないとおっしゃいましたが、金融庁が推奨している融資を、御行の上司は検討もしないで断るということになるのですが、それでよいのですか。このことは、森友事件で話題になった「忖度」ということのように思いますが……。ここに、金融庁の「知ってナットク！」という小冊子がありますので、もう一度、当社の融資申込みについて検討してもらえませんか。

石井　おっしゃることはわかりますが、15年間というような長い融資は、当行では見たことも聞いたこともありませんし、そんな長期の融資は、

当行の審査部も認めず、金融庁検査も通らないと思いますよ。我々は、お客さまの大切な預金をお貸しするのですから、リスクのある融資はできないことになっていますので。

吉村 石井さんのご発言は、従来の頭の固い金融機関の担当者の言い方のように思われますね。「15年間もの長い融資は見たことも聞いたこともない」とおっしゃいましたが、資本性借入金と合体で貸していただければ、実質15年融資は可能だと思いますよ。5年ごと3回に分け、毎月返済と返済のない資本性借入金を合わせれば、15年融資は可能になりますね。また、「この長期の融資は、当行の審査部も金融庁検査も通りません」と言われますが、これも先ほどお見せした金融庁の「知ってナットク！」の小冊子で、「金融庁検査は個社の案件までは見ない」と言っていますよ。さらに「リスクのある融資はできない」と言っていますが、私どもは、「中小企業等経営強化法における事業分野別指針及び基本方針の概要」で、その一つひとつの項目をチェックして、経営力向上計画を作成しました。この計画を当局に申請すると同時に、社内の組織変更を行い、セグメント計画も作っています。これにより、モニタリング報告も各店舗でも行えるように、精度を高めることにしているのですよ。

　私どもは、内部統制については、社内の勉強会などを通して、皆に徹底していますので情報開示資料はすぐにでもお出しすることはできると思います。それでも、当社はリスクの高い企業になるのでしょうか。今、各金融機関は、預金が貸出よりも多く、地域の資金を地域の企業に還流することができず、マスコミなどで、問題視されていますね。立て続けに、いろいろなことを申し上げましたが、金融庁も金融機関も、大きな変化の中にあり、我々も地元で全力投球しなければならないと思っていますので、何とか協力してもらいたいのですが……。

石井 社長のおっしゃることは、その通りだと思いますが、我々は稟議制度で本部の承認を得なければなりませんので、私の一存ではこの結論を出すことはできません。稟議書を私が書いて承認を取らなければなりま

せんが、このような内容の稟議書は、今まで私は書いたことがありません
んし、その内容によって上司がOKしてくれるとも思われず、自信もあ
りません。

吉村 とにかく、我々は将来の当社の成長のために、この融資を実行して
もらいたいのですが、どのような動きをしたらよいのでしょうか。私ど
もの企業が地域貢献していることを示す資料として、RESASの人口マ
ップや産業構造マップまた経済センサスのビッグデータと、「ローカル
ベンチマーク」や「中小企業等経営強化法における事業分野別指針及び
基本方針の概要」を、参考資料としてまとめることはできます。3,000万
円の長期運転資金の返済の妥当性を述べるための10年間程度の経営改
善計画を用意することも可能ですが、このような書類を石井さんに提供
することではいかがでしょうか。石井さんは、これらの資料によって、
上司に稟議書を上げることはできますか。

石井 そのような資料を提出してもらえるならば、融資経験のあまりない
私でも、稟議書を書くことができると思いますが……。(しばらく考えて
から) それならば、上司の融資課長にその稟議書のイメージと必要資料
を聞いておきたいと思います。私ども、銀行員は日常業務が多い上に、
出社や帰宅時間を厳格に守らなければならず、なかなか、取引先を訪問
したり、取引先の将来を考える時間が取れず、上司からのOJTによる
教育もあまり実践されていないのです。愚痴を言いまして済みません。
上司の融資課長が戻ってから、よく相談して、必要書類や稟議書のコメ
ントについて、お電話をお掛けしたいと思います。

吉村 では、ご連絡をお待ちします。石井さん、必要書類は、私どもは顧
問税理士に支援をしてもらいながら作成していますので、しっかりした
ものを出すことができると思います。必要書類や欲しいコメントなど、
遠慮しないでお電話でおっしゃってくださいね。

石井 いろいろ、ご協力してくださるとのこと、私としては大変助かりま
す。よろしくお願いいたします。

金融機関融資担当者
との交渉 **2**

② 建設業：短期継続融資

中田社長は、2,000万円の融資を申し込むために、メイン銀行の小島担当に約束を取ってから支店に訪問することになりました。支店では、小島担当と上司の大山融資課長と2人に、面談することになりました。

中田 こんにちは。今日は、大山課長ともお会いできるのですね。

大山 どうもご無沙汰いたしまして。どうぞ、応接室の方にいらしてください。

中田 ありがとうございます。（雑談後に）さて、お二人のお忙しい時間を取っては申し訳ございませんから、さっそくお借入れのお話をさせていただきます。実は、当社も建設業として工事の内容が変わって来まして、従来の新築個人住宅の注文が少なくなり、リニューアル工事が多くなっています。そこで、リニューアル工事に関して、2,000万円の短期継続融資をお願いしたいと思いまして、そのお願いに参りました。

小島 2,000万円の融資につきましては、わかりましたが、短期継続融資は、売掛金と在庫から買掛金を差し引いた立替え資金で、卸売業やメーカーに向けた融資ですから、御社のような建設業に適用する融資ではないものと思います。御社は、いわゆる、返済のない融資を申し込みたいということですか。

大山 小島君の言い方は直接的で、申し訳ございませんが、中田社長は、返済を伴わない2,000万円の融資のお申込みにいらしたということですね。では、そのお申込みの背景をご説明いただけますか。

中田 実は、最近、大手上場企業のスーパーマーケットから店舗のリニューアルやレイアウト変更の注文が継続的に入ることになったのです。このスーパーは周りの県を入れれば、30店舗もあり、当社としては、常に2～3店舗の工事を手掛けなければならなくなります。この工事に関しては、リニューアル用の建設資材を在庫として手元に置いて、何人か

161

のリニューアル工事の職人を雇い、その研修も行わなければなりません。しかし、このリニューアル代金は、工事の検収後2か月以降に支払われることになっています。そこで、これらの工事の立替え資金を2,000万円お借入れしたく、本日の申込みになったのです。

大山 それは、安定的な工事を長期間取れたということで、まずは良かったですね。失礼な言い方かもしれませんが、そのような大手のスーパーが、よく、地元の建設業者に仕事を回してくれましたね。やはり、ESG投資における地域貢献要請の一環の動きなのでしょうかね？　しかし、スーパーさんは採算に厳しいと言われますが、収益面はいかがですか。

中田 実は、大山課長のおっしゃる通りなのです。最近は、上場企業においては、ESG投資が注目されており、社会的貢献・地域貢献の一環として、工事などは地元企業に落とし込むことになっているようですね。採算もそれほど厳しいものではありません。ただし、私どもが負担しなければならない、立替え資金までは支援してくれませんので、どうしても当社で調達しなければなりません。職人の手当や研修代金、また建設資材の購入は現金支払いですが、工事代金は検収後2か月ですから、常に3〜4か月の立替え資金が発生するということですね。

小島 ということは、やはり、短期継続融資ではありませんので、返済のない融資は難しいということになってしまいますね。建設業者さんは、工事の契約書に沿って、個別の工事ごとに融資をすることが原則になっておりますので、そのスーパーマーケットさんのリニューアル工事ごとに、工事の内容を吟味しながら融資を行うことになると思います。

中田 小島さんのご指摘は当然ですが、本件は、「知ってナットク！」の短期継続融資（97ページ参照）を参考にして、私が考えたことですから、金融機関の考え方には合わないかもしれません。しかし、立替え資金が常に発生しているものですから、この短期継続融資の資金ニーズと同じに解釈できませんでしょうか。お借入れの実態を考えれば、売掛金と在庫の合算値から買掛金の金額を差し引いた金額が、恒常的に生じている

金融機関融資担当者
との交渉 **2**

場合が、この短期継続融資の資金ニーズということですよね。今回は、工事代金が検収後2か月入金で立替えがあるにもかかわらず、買掛金に相当する職人の手当てや研修費用また建設資材の購入代金をすべて現金で支払うことになったことから、このような立替え資金ニーズが発生したのです。

小島 それならば、職人の手当・研修費用・建設資材の購入代金の支払いを遅らせればよいと思いますが……。

中田 そのご指摘は、当社の実態を考慮されず、厳しいものですね。私どもとしては、大手スーパーマーケットから、長い間の努力の末に、やっと店舗のリニューアルやレイアウト変更の注文を取ったのですよ。このスーパーマーケットの工事については、長期戦になりますから、絶対に悪い評価を受けるわけにはいきません。そのために、工事の職人の雇用や研修、そして建設資材については、現金払いで、品質の維持を守りたいと思っているのです。現在は、建設業界は人出不足で、雇用や研修をとても気にしているのです。この支払いを遅らせることは、我々には死活問題にもなります。建設資材についても、今までの仕入れとは異なる商品を購入しなければなりませんので、やはり、キャッシュの支払いが必要です。「中小企業等経営強化法における事業分野別指針及び基本方針の概要」にも以下の通り、建設業の雇用問題について、述べられています。

　つきましては、2,000万円の恒常的な立替え資金のニーズがあるのです。何とか、融資をしていただけないでしょうか。

12. 建設業の事業分野別指針【現状認識・課題・目標】

国土交通省　土地・建設産業局
建設市場整備課

【現状認識】
- 建設業は我が国の住宅、社会資本、さらには都市や産業基盤の整備に不可欠の産業であり、現場で直接施工を担う多数の技能労働者によって支えられている。
- 技能労働者の数は、ここ数年の安定した建設投資を背景に堅調に推移している。しかしながら、2015年度における技能労働者数約330万人のうち、55歳以上が約112万人と約3分の1を占める一方、29歳以下の若者は約36万人と約1割にとどまっており、技能労働者の高齢化は進行している。
- 今後、建設業が求められる役割を果たしていくためには、「人への投資」を積極化し中長期的に技能労働者を確保していくとともに、生産性の向上を果たしていくことが求められている。

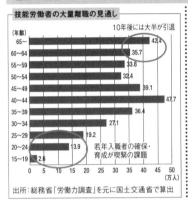

技能労働者の大量離職の見通し
出所：総務省「労働力調査」を元に国土交通省で算出

【業界が抱える課題】
- 中長期的な技能労働者の確保に向け、安定した雇用、安定した収入、将来に夢と希望を持てるキャリアパスの整備など
- i-Constructionの推進や人材の効率的活用を通じた生産性向上への取り組み

【目標とする指標及び数値】
- 基本方針の労働生産性に加え、技能労働者の処遇改善や産業全体で付加価値を向上させるとの観点で建設業の指標を追加

〈基本方針〉
（営業利益+人件費+減価償却費）÷労働投入量（労働者数又は労働者数×ひとり当たり年間就業時間）

〈建設業・推奨〉
（完成工事総利益+完成工事原価のうち労務費+完成工事原価のうち外注費）÷年間延人工数

〈建設業・簡易〉
（完成工事総利益+完成工事原価のうち労務費）÷延技能労働者数

〈計画期間・目標数値〉
・3年計画：+1%以上　・4年計画：+1.5%以上　・5年計画：+2%以上

12. 建設業の事業分野別指針【実施事項について】

- 建設業は多数の技能労働者に支えられる産業である。生産性向上においては、新技術・工法の導入など技術的なアプローチとともに、技能と経験を蓄積した熟練工の育成・活用など人材の効率的活用を果たすことが重要である。

自社の強みを直接支える項目

一　人に関する事項
(イ)教育訓練の充実（新規入職者等への教育研修等）
(ロ)生産性向上に向けた複合工（多能工）の育成・活用
(ハ)従業員の処遇改善（月給制、週休二日の確保等）

二　財務管理に関する事項
(イ)原価管理の高度化（年次計画、中長期計画の整備など）
(ロ)社内業務の効率化（ICT機器活用など）

三　営業活動に関する事項
(イ)年間受注計画の策定（発注情報の適時の収集等）
(ロ)適正な利潤を確保した受注

四　新技術・工法の積極的導入
(イ)ICT施工の実施、コンクリート工における生産性向上技術の活用等、i-Constructionの推進
(ロ)NETISを始めとした新技術・新工法等の導入
(ハ)生産性向上に資する取組の導入

持続的な成長に向けた長期的な取り組み

五　中長期的な人材確保に向けた人への投資
(イ)中長期的な人材の確保・育成
　　（計画的な新卒採用、採用ルート強化等）
(ロ)人事評価体系整備や管理システム投資等
　　（キャリアパスの整備等）
(ハ)女性や高齢者の活躍推進など
　　（働きやすい雇用環境の整備等）
(ニ)事業の円滑な承継に向けた取組
　　（後継者の計画的な育成等）

六　建設企業のイメージ向上につながる取り組み
(イ)社会・地域に向けたPR活動
　　（地域イベントへの参画等）
(ロ)環境負荷軽減に配慮した事業の展開
(ハ)防災・減災等社会・地域の持続的発展に対する有償・無償の貢献（人的・金銭的貢献等）

小規模(20人未満)	中規模(20～300人未満)	中堅(300～2,000人未満)
一～四から1項目以上 ※ 上記に加え、五～六のうち1項目以上にも取り組むことを推奨	一～四から2項目以上 五～六から1項目以上	一～四から3項目以上 五～六から2項目以上

小島 しかし、この2,000万円の短期継続融資の業務は、新規業務ということですから、やはり、当初は資金ニーズを冷静に見るためにも、個別の工事の対応が基本であると思いますね。このスーパーマーケットのリニューアル工事であろうとも、工事の契約書に沿って、個別の工事ごとに融資を行うことが原則であると思いますね。

中田 ところで、なぜ、小島さんは、今日に限ってそんなに、厳しい対応を私どもにするのですか。大山課長のご指示とも思えませんが。私どもとしては、個別の工事に沿った融資の場合は、建材仕入れや工賃支払の期日までに融資の承認が下りなかったり、返済期日に検収が遅れて入金が間に合わず、返済ができないこともあります。これらの時は、私どもの手元資金で支払いや返済を行いますが、その間の銀行さんとの交渉は、本当に時間を取られるものになっています。小島さんとの交渉も、なかなかハードなものですよね。今回のスーパーマーケットの工事については、そのようなドタバタはやりたくないのです。

小島 中田社長、そう言われましても、金融機関としては、稟議が下りなければ融資はできませんし、返済は期日に返してもらえないならば、督促するのは当然なんですよ。

大山 まあ、小島君もあまり感情的にならず、中田社長と解決策を話し合いましょう（一般に金融機関の担当者は上司と面談する場合は、業績が今一つの取引先に対して、厳しい対応に出ることが多いものです。あまり業務に慣れていない担当者はほとんど沈黙しているようです）。中田社長の会社としては、業績は順調で、収支も問題なしということでよろしいのですよね。

中田 全く心配ないと胸を張ることはできませんが、業績も収支も順調であると言えると思います。決算報告書、経営改善計画書、ローカルベンチマーク・ツール、試算表や資金繰り実績予想表もすぐにお出しできます。その他の資料でも、すぐに用意できますよ。何でもおっしゃってください。最近は、顧問税理士の太田先生に、情報開示資料の作成支援を

お願いして受けてもらっています。また、各工事の進捗に合わせた資金ニーズを明確にして、当社全体の資金需要も算出できるようになっています。かつて、小島さんに督促された資金繰りの資料も、すぐに出せるようになっていますよ。

小島 それは有難いですね。では、スーパーマーケットのリニューアル工事の予定とその資金ニーズの一覧表を出していただけますか。また、スーパーマーケットの契約書も見せていただきたいですね。

大山 そうですね。それらの資料を出していただいて、早期に中田社長の2,000万円の融資の件を検討いたしましょう。私としては、中田社長のお気持ちはよくわかりました。小島君も、少し、細かいことを言い過ぎたかもしれません。このスーパーマーケットの案件については、御社にとって、極めて重要なことであることはわかります。しかし、私どもも、本部で稟議の承認を取らなければ、「わかりました」とは言えません。先ほど、お話しされた資料を早期にお出しください。

小島 そうですね。その資料は、早急にお願いしますね。遅くなれば、稟議書の提出も遅れ、期日に間に合わないと言われても困りますから……。

大山 小島君、その言い方は、お客様に失礼だと思うよ。

小島 そうですね、わたしも感情的になり、申し訳ございませんでした。

中田 いえいえ、私も、大人気なかったと反省しています。それから、もし必要でしたら、RESASの産業構造マップの建設業や小売・卸売業の資料もお届けしましょうか。

大山 ありがとうございます。それは、参考になると思います。私どもも早急に検討に入ります。

③ 旅館業：設備資金融資

山田社長は、6,000万円の設備資金融資を申し込むために、メイン銀行

金融機関融資担当者
との交渉　2

の石坂支店長に約束をとって訪問することになりました。支店では、石坂
支店長の他に担当の池田融資担当も加わり、支店長室で面談することにな
りました。

山田　石坂支店長、先日の法人会では失礼いたしました。（雑談後）その時、
　　お話しいたしましたインバウンド対応のため、私どもの旅館の大広間を
　　大食堂にリニューアルしたいと思い、お借入れの申込みに参りました。

石坂　お忙しいのに、わざわざお越しいただきまして、どうもありがとう
　　ございます。我々の街（函館）も、外国人の観光客が多くなり、山田社
　　長の旅館も大忙しとお聞きしています。そこで、リニューアルの設備資
　　金のお話があるとのこと、ぜひ、我々の銀行がお手伝いできれば、有難
　　いと思っています。先日の法人会では、山田社長の地域愛と会社愛の熱
　　いお話に感動し、最近、支店長会議で話題になった、ESG投資の趣旨
　　も思い起こしました。

山田　それでは、この設備資金については、ご支援いただけるものと考え
　　ていて良いのでしょうか。

石坂　山田社長！　実は、社長の旅館へのご融資は、私の一存ではできな
　　いことになっており、本部の承認が必要なのです。私どもの支店から、
　　池田君やその上司が稟議書という申請書を作成して、本部の承認が下り
　　て、初めて、融資の決定になるのです。ということで、山田社長にはそ
　　の稟議書を起案する池田とその上司の阿部課長と、これからこの部屋で
　　打合せをお願いしたいのです。私は、申し訳ございませんが他に約束が
　　ありますので、阿部課長をご紹介して、外出したいと思います。池田君、
　　阿部課長を呼んで来てください。

阿部　社長、お久しぶりですね。支店長からざっとお話は聞いていますの
　　で、詳しくは私どもが、リニューアル工事の設備資金のお話をお聞きし、
　　稟議書を作成したいと思っています。

石坂　では、山田社長、十分に、阿部課長と情報交換を行って、彼らにそ

167

の稟議書を書いてもらいたいと思っております。私としては、その資金を当行でご支援できることを楽しみにしています。では、私は、今から外出しますので、よろしくお願いします。

山田　そうですか。では、阿部課長と池田さん、よろしくお願いしますね。融資の判断は支店長が権限を持っていると思いましたが、実際は、本部に決定権限があるのですね。金融機関は大組織ですので、コンプライアンス・ガバナンスという内部統制は厳格ですからね。

阿部　そうなのです。私どもの銀行は、上場会社でもありますから、「コーポレートガバナンス・コード」や「スチュワードシップ・コード」また、それに絡めた「ESG投資」というガイドラインに沿って運営されています。融資の決定については、ボトムアップ形式で下から上に稟議書を上げながら、企業発展ばかりではなく、特に、意思決定者が考えなければならない地域貢献についても検討しなければならないのです。

山田　それは有難いことですね。私も、同業者の会合や高校の同窓会でも、地域貢献の話をよく聞いております。先日の函館の法人会でも、地域貢献の話が出て、支店長とも話が盛り上がりました。その時のお話のベースになった情報を、今日はお持ちしていますので、ぜひご参考にしてください。RESAS（地域経済分析システム）の函館の情報として、産業構造マップと観光マップまた人口マップで、以下の通りです。私ども旅館業が元気になれば、インバウンド効果で観光客も増加し、雇用も増え、連れて、函館の活性化にも役立つということですね。

金融機関融資担当者との交渉 2

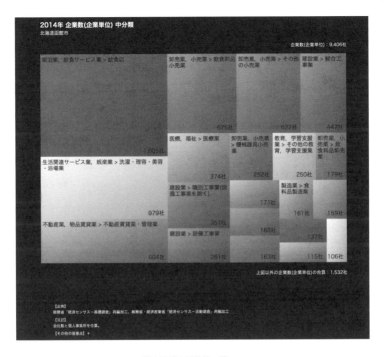

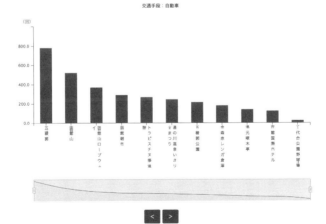

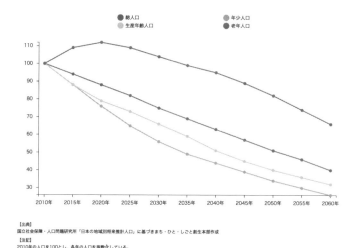

年齢3区分別人口推移

【出典】
国立社会保障・人口問題研究所「日本の地域別将来推計人口」に基づきまち・ひと・しごと創生本部作成
【注記】
2010年の人口を100とし、各年の人口を指数化している。
【その他の留意点】 +

阿部　では、本題の社長の旅館のリニューアル資金の融資の話をいたしましょう。このお話では、融資の金額よりも、以前から問題になっていた融資の返済期日の決め方を擦りあわせなければなりませんね。

山田　そうなのです。旅館業のリニューアルの設備投資は、その耐用年数が超長期であるにもかかわらず、金融機関の返済期間は長くて10年に抑え込まれていますね。これでは、毎月の返済は厳しく、数年後には、手元資金が不足すると、お話をしていました。この設備資金融資では、返済負担が大きく、よほど、設備投資後の収益率が高くならなければ、数年後には、キャッシュ不足になってしまいますよね。

池田　しかし、旅館業のリニューアル設備は、空調設備など減価償却を伴う資産ばかりではなく、職人の手間賃や家具調度もありますので、借入金額や返済期間は必ずしも耐用年数にリンクされることはないと思いますよ。

山田　とはいうものの、建物の耐用年数が30年以上であることを考慮していただければ、その返済期間は理論的には10年以上になるものと思

われますので、返済期間は5～10年では厳しいですね。今回も、借入返済を決める時は、借り手企業の資金繰り事情を十分検討していただきたいと思います。

池田　とはおっしゃられても、長期融資の場合は、その間、赤字になって、資金が外部に流出してしまっては、返済財源がなくなることになってしまうことが心配です。

山田　そのような点も考えました、私どもは長期施策として、以下の「中小企業等経営強化法における事業分野別指針及び基本方針の概要」をチェックリストにして、経営の見直しを行っています。

阿部　確かに、「中小企業等経営強化法における事業分野別指針及び基本方針の概要」をチェックリストに使われることは妙案だと思います。これらは、経営力向上計画を策定し、固定資産税の軽減や金融措置を目指すものと思っていましたが、経営改善に役立ちますね。

山田　ということで、懸案の設備資金融資期間についてですが、資本性借入金を絡めて、超長期の融資にしてもらうことはできませんでしょうか。「知ってナットク！」の資本性借入金の項目を見ましても、現在の当社がこの資本性借入金の申請を行っても、信用力では遜色はなく、違和感はないと思います。私どもとしては、県内の人口動態や得意先企業の動きについて調査して、保守的な見通しで経営改善計画を策定し、キャッシュフローを算出して、返済計画を作成するつもりです。RESASの人口マップ・産業構造マップ・まちづくりマップのほか、経済センサスの統計表一覧（e‐Stat）などにより、顧問税理士などとともに地域の情報を集めて、できるだけ確度の高い予測値を作成して提出するつもりです。

池田　では、今回の融資の金額とご希望の条件はどのようなものなのですか。

山田　今回は、6,000万円の設備資金融資をお願いしたいのです。返済は、10年間の毎月分割返済でお願いしたいのですが……。私どものお願いとしては、当初の5年間は、3,000万円が毎月分割返済で残り3,000万円

4.旅館業に係る経営力向上に関する指針①

観光庁観光産業課
厚生労働省医薬・生活衛生局
生活衛生・食品安全部生活衛生課

【現状認識】
- 訪日外国人旅行者数が急増し、これに対応した受入体制の整備が急務。
- 多大な資本を必要とする「資本集約型産業」であるため、需要に応じた縮小・拡大が困難。
- 労働時間が長く、賃金が低いことから、従業員の定率率が一般的に低い。

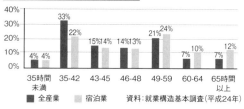

正規就業者の週間就業時間の比較
資料：就業構造基本調査（平成24年）

【業界が抱える課題】
→ インバウンドの取り込みに向けた受入体制の整備
→ 付加価値向上の取組による適切な対価の確保
→ 安定的な人材確保

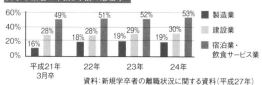

大学卒業者の卒業3年後の離職率
資料：新規学卒者の離職状況に関する資料（平成27年）

【目標とする指標及び数値】
時間当たりの**労働生産性**
計画期間5年間：+2%以上
計画期間4年間：+1.5%以上
計画期間3年間：+1%以上

4.旅館業に係る経営力向上に関する指針②

- 旅館業については、サービス提供に間接的に関わる業務を効率化するとともに、サービスの品質や付加価値の向上等により顧客満足度を向上させることを通じて、経営力の向上を図る。

	経営力向上に関する取組内容（一部抜粋）
営業活動に関する事項	▶ サービスを提供するターゲット層の明確化 ▶ 商圏や競合環境を踏まえた独自の付加価値を生み出すサービスの工夫 ▶ ICTを効果的に活用した割引サービスの実施、インターネット予約・注文の導入 ▶ 新しい旅行形態（エコツーリズム等）への対応 ▶ 訪日外国人旅行者に対する情報発信や受入体制の整備 ▶ 資本力及び経営能力等の経営上の特質の把握
コストの把握・効率化に関する事項	▶ 管理会計等の導入による自社の財務状況の把握 ▶ 売上状況を踏まえた仕入れの管理
マネジメントに関する事項	▶ 中長期的な経営計画の策定等を通じたマーケティング等の経営戦略の検討 ▶ 従業員の勤務管理のシステム化 ▶ 食中毒やレジオネラ症の発生等の防止を図るための衛生・品質管理の徹底
人材に関する事項	▶ 従業員の労働条件、作業環境及び健康管理の整備・改善 ▶ 消費者との信頼関係を高める人材を養成するスキームづくり ▶ 女性や高齢者等の多様な労働力の活用
ICT投資・設備投資・省エネルギー投資に関する事項	▶ 受発注管理、顧客管理等のサービス提供に間接的に関わる業務のICT化 ▶ ICTを活用したサービスの向上、情報発信方法の工夫 ▶ 設備・機器の切替えによる労働環境や作業効率、エネルギー効率等の改善

| 中堅 | 資本金等5千万円超10億円以下かつ従業員201人以上2千人以下 | 上記の取組から3項目以上 | 中規模 | 資本金等5千万円以下又は従業員6人以上200人以下 | 上記の取組から2項目以上 | 小規模 | 従業員5人以下 | 上記の取組から1項目以上 |

は5年後の一括返済とします。すなわち、5年間の資本性借入金です。その後、6年目から10年までは、残額3,000万円の分割返済で期日には、全額返済することになります。担保は、信用で、金利はできるだけ、勉強していただきたいと思っています。

阿部　わかりました。情報開示資料のご提出は、ご用意できたものから、お持ち込みをお願いします。

４　運送・倉庫業：事業性評価融資

　三浦社長は、4,500万円の長期運転資金融資を申し込むために、勉強会の参加者で、新たに自社の経営コンサルを依頼した鈴木税理士（高校のテニス部の先輩）と一緒に、メイン銀行支店の安田融資担当に、訪問することになりました。

三浦　こんにちは。私どもの排ガス規制導入におけるトラックへの排ガス装置取付け時には、いろいろご迷惑をおかけし、申し訳ありませんでした。

安田　こちらこそ、なかなか、本部審査部から承認が取れず、ご心配をお掛けし、申し訳ございませんでした。

三浦　確かに、あの融資は、収益による返済財源が出て来ないもので、従来の融資のセオリーからは支援しにくいもので、本当に、貴行にはご無理を言うことになり、安田さんには頑張っていただき、感謝しております。さて、本日は、当社のコンサルタントになっていただいた鈴木税理士をお連れしました。

鈴木　今度、当社のコンサルタントになりました税理士の鈴木です。税理士以外に、認定支援機関をやっていますので、税務関連業務以外のコンサルティングを担当することになりました。どうぞ、よろしくお願いし

ます。

安田 こちらこそ、よろしくお願いします。そうそう、あのトラックへの排ガス装置取付けに関して、補助金や助成金、また税金優遇なども活用すると言われていましたが、それらの手続きは済まされましたか。

三浦 そうですね。鈴木税理士には、この補助金、助成金、税金優遇で経営力向上計画の作成など、随分、協力をしてもらい、助かりました。また、郊外の工場団地に、最近、かなりの企業が参入してきましたが、それらの企業に対する営業活動に関し、鈴木先生には種々のアドバイスをいただいています。当社は、前々期は赤字でしたので、今後、金融機関に融資を申し込む時は、しっかりした情報開示資料の作成が必要ですので、これも鈴木先生にお願いするつもりです。

安田 確か、貴社には丸山顧問税理士がいらっしゃいましたが、では、2人の税理士の方と契約されることになるのですね。税理士会の規則では、問題があると聞きましたが……。

三浦 そうですね。鈴木税理士には、税務関連以外のコンサルティングをお願いしますので、税理士会の綱紀規則25条には抵触しません。最近では、当社は、周辺業務に大きな収益チャンスが生まれ、目下、力を入れている倉庫部門は、工場団地に進出した企業に対して、製品をお預かりするばかりではなく、季節ニーズのある設備機械の保管業務も行っています。また、大手の建材メーカーに対しては、私どもの貿易部門で、通関業務の受託を行い、倉庫の空スペースでは簡単な建設機械の組立てまで引き受けるようになりました。このような倉庫業務や通関業務また組立て業務は、徐々に拡大しています。そこで、常に前払いや立替えの資金負担が発生するようになっています。これらの資金ニーズが恒常的に生じるならば、できれば、返済なしの融資である短期継続融資や資本性借入金で支援してもらいたいのですが、鈴木税理士のアドバイスでは、当初は毎月返済を付けた長期運転資金のご支援をお願いしてはいかがかと言われました。

174

鈴木 そうですね。これらは、当社の成長にとって必須資金ではありますが、当社も、赤字を出したり、トラックの排ガス装置取付けの融資でかなりご迷惑をおかけしているので、ここは、毎月の返済付き融資でお願いすることが筋かと思いました。

安田 鈴木先生のお考えは、当行にとっても有難いことです。三浦社長の企業家マインドの高さには敬服しているのですが、その多角化のスピードが速いために、本部からも「新規事業などの実績をよく見るように」との注意を受けているのです。やはり、ここで返済なしの融資で、本部の承認を取ることは難しいと思いますので、私も、鈴木先生の助言に賛成です。

鈴木 しかし、安田さん。私は、一方では当社にとって今が勝負時でチャンスでもあると思っているのです。当地郊外の工場団地に多くの企業が進出し、関連する企業の物流や雇用が急速に増加してきています。ここに進出する企業に利便性を提供し雇用を増加させることは、この地域の活性化には欠かせないことだと思います。もちろん、地に足を付けた慎重な姿勢は大切ですが、同時に、この地域の企業に対するサービスも必要であると思うのです。貴行にも、融資支援を前向きにお願いしたいと思います。当社は、前々期は赤字になっていますので、従来のスコアリング審査の手法では、貸出を増加させることはなかなか難しいことかと思いますが、最近注目されている、「事業性評価融資」における、いわゆる、事業の価値や将来の可能性ある先への積極融資に期待したいと思っています。それには、当社としても、情報開示資料や社会貢献のデータによる説明が欠かせないと思います。

安田 その資料提供は有難いですね。金融機関では、情報保護やハッカー防止また内部統制の問題から、インターネットを行内で自由に使うことができないことが多いのです。企業さん自身が、ビッグデータなどの情報を取っていただき、私どもに届けていただくことは大変有難いことなのです。また、ご存知の通り、ここ数年の金融機関は、ゼロ金利やマイ

ナス金利で、最も根幹になる資金収益が急減しており、このままだと金融機関の多くは赤字になってしまいます。私どもを含め、大規模な人材リストラが行われると言われていますね。ということは、お取引先様と長い親密関係をベースにして徐々に情報を集め、融資を行うという「リレーションシップバンキング、いわゆるリレバン、地域密着型金融」というビジネスモデルは人手がかかり過ぎて、とても続けることはできなくなりますね。また、企業さんも、IT化、IoT化、グローバル化で、経営内容が大きく変わってきており、債権者である外部の金融機関としては、企業の実態把握は難しくなり、企業が自主的に実行してくれる情報開示資料の提供が必要になるということですね。

三浦　全く、おっしゃる通りですね。先日、金融機関の幹部の方の講話が地元の商工会議所でありましたが、これからは、事業の内容や将来の成長可能性を重視した「事業性評価融資」が主流になるとおっしゃっていました。それには、「ローカルベンチマーク」や「RESAS」という、ビッグデータを駆使した情報を、プリントアウトした資料の提出が、金融機関として有難いと言っていました。これらのローカルベンチマークやRESASの資料は、AIやビッグデータを駆使したもののようですね。我々が、目下、営業活動に注力している、郊外の工場団地については、RESASや経済センサスのデータ資料で、その状況を把握し、また「まち・ひち・しごと創生総合戦略」の行政機関から開示される方針書で、地域が力点を置く施策や業務を掴んでおかなければならないようですね。

安田　その通りですね。たとえば、貴社が決算書で赤字になったとしても、ローカルベンチマークの非財務情報である貴社の「経営者、関係者、事業、内部管理体制」の着目点において、光るものがあって、将来の成長可能性があるならば、その企業の格付けは下がらず、いつでも融資ができるような評価にするようですね。その時に、RESASや経済センサスのデータ資料や「まち・ひち・しごと創生総合戦略」など、それらの地域の非財務情報の強みによって裏打ちされれば、その支援の可能性は一

層高まりますね。

　また、本部役員からは、現在、世界レベルで話題になっているESG投資の話が出ていますね。すなわち、このESGは、環境（Environment）、社会（Social）、ガバナンス（Governance）の頭文字を取ったもので、環境面、社会面、ガバナンス面で評価できれば、金融機関として、それらの投資案件を支援することが期待されているのですよ。

　今までならば、稟議書で書かれた、経営者・関係者・事業内容・内部管理体制の企業の非財務情報は、数値データではなく客観的な強みが明確にならないために、企業の現場にいない金融機関のトップや役員からは、特別に評価を受けることはなかったと思いますよ。稟議制度は金融機関では知識や経験が少ない融資担当者が起案をして上司が意思決定するボトムアップ方式ですから、上位下達のトップダウンの意思決定に慣れた中小企業には、なじみがないかもしれません。この稟議制度では、どうしても金融機関のトップや役員の意向までは伝わらず、従来の数値至上主義が主流になりがちです。このせいか、非財務情報を評価するようなことは難しかったようですが、これからは世界標準のESG投資の考え方が、トップや役員に浸透しますので、今後は、非財務情報の価値

☛ ＜第二段階＞非財務情報に基づく分析

●財務情報に加えて非財務情報についても、対話を通じた把握、経営者の気づきを期待。

01	経営者への着目	◆経営者自身のビジョン、経営理念 ◆後継者の有無	
02	事業への着目	◆事業の商流 ◆ビジネスモデル、製品・サービスの内容、製品原価 ◆市場規模・シェア、競合他社との比較 ◆技術力、販売力の強み/弱み ◆ITの能力：イノベーションを生み出せているか	
03	関係者への着目 企業を取り巻く環境	◆顧客リピート率、主力取引先企業の推移 ◆従業員定着率、勤続日数、平均給与 ◆取引金融機関数とその推移、金融機関との対話の状況	
04	内部管理体制 への着目	◆組織体制　　　　　　◆社内会議の実施状況 ◆経営目標の共有状況　◆人事育成システム	

📖 定性ヒアリングシートイメージ①

定性ヒアリングシート

■基本情報

商号	株式会社帝国テクノツール
所在地	東京都中央区新富 1-12-2
代表者名	志水　和正
業種（選択）	卸売業

売上高	4,950,128（千円）
営業利益	75,819（千円）
従業員数	170（人）

経営者への着目	経営者自身について ビジョン 経営理念	ビジョン：ファッションを通じてお客様の生活を豊かにする。お客様に楽しみや感動を得てもらえるように、お客さまの気持ちに共感することを心掛けている。
	後継者の有無	代表は現在45歳と若いため、まだ後継者については考えられていない
事業への着目	企業及び事業沿革	昭和34年に現代表の父親が創業し、平成15年に2代目社長である現代表に交替。自社ブランドによる販売に限界を感じていたところ、商社の仲介で有名カジュアルブランドと提携し、主にTシャツのデザインを提供。
	技術力、販売力の強み	・Tシャツだけでなく、パンツやシャツなどの品揃えを強化している。 ・自社ブランドの育成に注力し、有力ブランドとのコラボレーションを積極的に展開。
	技術力、販売力の弱み	デザイナーの属人的な力に頼っている部分がある点は改善していくべき課題である。
	ITの能力 イノベーションを生み出せているか	平成24年には自社ウェブサイトで独自に販売を開始。ユーザーへの直接販売を通して、これまでの販売ルートよりも利益を確保できるようになった。

企業を取り巻く環境 関係者への着目	市場規模・シェア 競合他社との比較	SPA、ファストファッションの台頭があり、低価格化が進んでいる。当社の強みであるデザインをどのように訴求していくかが課題である。
	主力取引先企業の推移	・卸に関しては、売上上位の20社は取引を維持している。 ・ユーザーへの直販に関しては、70％以上が1年以内に複数回購入。
	従業員定着率 勤続日数 平均給与	・平均年齢：44歳 ・従業員定着率：95％ ・正社員人数→ 　　平成24年：40名 　　平成25年：48名
	取引金融機関数とその推移	創業時より地元信用金庫をメインとしており、現代表になってからも変更はない。
内部管理体制への着目	組織体制	ISO9001やPマークの認証取得により、業務プロセスの見える化が進んでおり、マニュアルなども整備されている。
	経営目標の有無 共有状況	現代表が就任してから、中期経営計画の策定や予実管理など、管理体制が強化されている。また、これらの内容について取引先とも一部共有されており、対外的な信用獲得にもつながっている。
	社内会議の実施状況	毎週月曜日に全体会議を行っており、社長、幹部、社員の意識共有の場として機能している。
	人事育成のやり方 システム	・新入社員研修や階層に応じた研修制度を構築。 ・有料の外部機関が実施する研修にも会社負担で希望者には取り組ませている。

が向上して、尊重されるように変わるということかもしれませんね。

鈴木 安田さんのお話は、金融機関の審査の新しい動きのように思われますね。ということは、今まで、財務指標のスコアリング点数で、仮に60点以上の先に、本部の役員が「融資を行っても良し」と言う明確な判断をしていたことのように、今後は、ESG投資の非財務情報の対象先に融資を行うことを認めるということになりますね。すなわち、財務指標のスコアリング点数で合格点が取れなかった企業に対して、非財務情報で融資ができるようになるということですね。まさに、事業性評価融資が活発に採り上げられるということですね。それならば、我々もローカルベンチマークやRESASまた経済センサス、それに、「まち・ひち・しごと創生総合戦略」などの、非財務情報について、真正面から取り組むことが大切になるのですね。ある意味、金融機関の審査の第1段階が、財務指標のスコアリング点数で行われ、第2段階が企業の非財務評価で行われるということが、徹底されるようになるのかもしれませんね。

三浦 このことは新しい動きと言えますね。今までは、極端な言い方をするならば、企業の過去の財務指標であるスコアリングの評価、すなわち以前の決算書の評価で、企業評価をしていたわけですが、これからは、決算書に現れない非財務情報でも企業評価を行うということになるのですね。このことは、財務情報と非財務情報の総合的な評価であり、昔から言われ続けていた理想的な評価方法ということですね。金融検査マニュアルが定着し、債務者区分主義、格付け偏重主義が広がり、どうしても、財務情報重視の審査になってしまい、この理想像は遠のいていたということですね。これが、本来の融資審査のあり方かもしれませんね。ついては、当社も、もっと非財務情報を強調するように努めるべきであるということですね。

安田 その通りですが、この非財務情報については、債権者という立場の金融機関としてはあまり企業の内部に深く入り込むことはできませんので、その把握には限度があります。企業ご自身による、情報開示に期待

したいですね。貴社の場合も、ローカルベンチマークにおける非財務情報に加えて、かつてからのメイン業務である運輸部門の非財務情報の強みをもっと情報開示していただきたいですね。

三浦　その通りだと思います。では、「中小企業等経営強化法における事業分野別指針及び基本方針の概要」に沿って、当社の内容を鈴木税理士にまとめてもらい、この業務について貴行と対話をするために、鈴木税理士に私の代理で、再度、訪問してもらうことにしたいと思います。

安田　ちょっと待ってください。その対話の時は、三浦社長も一緒にいらしてください。そうしませんと、鈴木税理士が非弁行為を犯すことになってしまいますよ。社長の代理は、どんなに優秀な税理士さんも、できないことになっているからです。

三浦　これは迂闊でした。企業の意思決定や将来の指針までお話する対話の時は、必ず私が出席します。良きアドバイスをありがとうございました。さて、私どもは、メイン業務の運輸部門の非財務情報については、先ほどの中小企業庁のホームページに出ている以下の貨物自動車に関する指針で検討してご報告しますが、よろしいですか。

安田　そうですね。さらにお願いできるならば、新業務であるシステム物流を手掛ける倉庫業についても、非財務情報をいただければ有難いのですが。

鈴木　了解しました。当社の運輸部門については、三浦社長と上記の指針によって、分析していきたいと思います。また、将来の当社の強みになると思われる、運輸部門と連携した倉庫部門については、倉庫業の業界団体である「一般社団法人日本倉庫協会」の「物流倉庫サービスの一例」（182ページ）の各サービス項目ごとに、システム物流の観点で評価をして、ご報告したいと思います。

9. 貨物自動車運送事業分野に係る経営力向上に関する指針

国土交通省自動車局貨物課

【現状認識】
- 貨物自動車運送事業は、国内貨物輸送の4割強を担う、重要な産業。
- 平成2年の規制緩和後、事業者数は1.6倍に増大。
- 貨物自動車運送事業者の約99%が中小企業者（資本金3億円以下及び従業員300人以下）。

■貨物輸送量の比較（トンキロベース）　■荷待ち時間の発生状況　■積載効率の推移

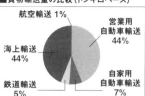

○1時間以上の荷待ち時間がある割合：55.1%
○2時間以上の荷待ち時間がある割合：28.7%
○3時間以上の荷待ち時間がある割合：15.1%
※1運行当たり

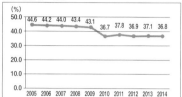

【業界が抱える課題】
- 荷主都合による荷待ち時間等の負担を強いられることによる労働時間の長時間化
- 顧客の需要に合わせた多頻度小口化による運送効率の低下

【目標とする指標及び数値】
① 運転手の平均労働時間
② 積載効率
③ 実車率
④ 実働率

のいずれかを2%以上改善
（3年間の計画の場合）

（参考）

$$\text{労働生産性（1人・1時間）} = \frac{\text{付加価値額※}}{\text{労働者数} \times \text{1人当たり年間就業時間}}$$

※営業利益、人件費、減価償却費の合計

9. 貨物自動車運送事業分野に係る経営力向上に関する指針

- 貨物自動車運送事業の経営力向上には、従業員や貨物自動車の投入量当たりの収益を改善することが重要である。
- そのためには、荷待ち時間の削減等に向けた荷主等との取引環境の改善、事業の共同化やITの利活用による輸送の効率化、事業活動に有用な知識又は技能を有する人材の育成等を行うことが必要である。

＜企業規模別の実施方法の整理イメージ（丸数字は指標との関連性を示す）＞

中規模	小規模 （従業員20人以下）	中規模 （従業員21人以上300人以下）	中堅 （従業員301人以上2,000人以下）
人に関する事項	・教育、研修制度の充実①	・教育、研修制度の充実① ・運転免許等の資格の取得支援制度の充実①	・教育、研修制度の充実① ・運転免許等の資格の取得支援制度の充実①
財務管理に関する事項	・コストの見える化 ・PDCAサイクルの徹底 ・適正運賃・料金の収受	・コストの見える化 ・PDCAサイクルの徹底 ・業務の実施方法の標準化 ・適正運賃・料金の収受	・コストの見える化 ・PDCAサイクルの徹底 ・業務の実施方法の標準化 ・適正運賃・料金の収受
営業活動に関する事項	・荷役作業の効率化① ・他の貨物自動車運送事業者との共同輸配送の実施②③④	・荷役作業の効率化① ・他の貨物自動車運送事業者との共同輸配送の実施②③④	・荷役作業の効率化① ・他の貨物自動車運送事業者との共同輸配送の実施、自社内での車両融通の効率化②③④
ITの利活用に関する事項	・求荷・求車システムの活用②③④	・求荷・求車システムの活用②③④ ・配車管理システムの構築②③④	・求荷・求車システムの活用②③④ ・配車管理システムの構築②③④
省エネルギーの推進に関する事項	・エネルギー使用量の見える化	・エネルギー使用量の見える化 ・エコドライブの推進	・エネルギー使用量の見える化 ・エコドライブの推進

倉庫のサービス

貨物の特性に合わせた保管をはじめ、様々な物流サービスを提供しています。

物流倉庫サービスの一例

○ 検品
貨物が適正なものか、個数に間違いがないかなどをチェックします。

○ 入庫
貨物の特性に合わせ、決められた保管場所へ入庫します。

○ 保管
さまざまな保管・管理を行います。
常温保管、定温保管、定湿保管、冷蔵保管、サイロ、タンク、野積保管、トランクルームなど、ロケーション管理、在庫管理、商品日付管理、入庫順管理、機械番号管理など。

○ 流通加工
貨物が適正なものか、個数に間違いがないかなどをチェックします。
包装、詰め合わせ、ラベル貼り、検針、荷札付け、値札付け、組み立て、反物カット、マーキングなど。

○ ピッキング
入庫順、日付順に大口、小口ピッキングなどを行います。

○ 仕分け・荷揃え
配送先別、方面別に仕分けを行い、トラック単位に荷揃えします。

○ 出庫
指定された時間に合わせ出庫を完了します。

安田　それは貴重な情報になりますので、よろしくお願いいたします。ということで、本日のご訪問は、確か、再度の融資の件ではないのですか。

三浦　お忙しい時間をお取りして、なかなか本題のお話に行かず、申し訳ございません。実は、今日は、4,500万円の長期運転資金融資をお願いに参ったのです。融資の資金ニーズは、新倉庫のシステム開発費用が1,000万円、倉庫の拡張費用が1,500万円、貨物車両の購入費用が2台で1,500万円、そして、トラック運転手の募集と研修費用が1,000万円で、合計5,000万円になりますが、500万円は手元資金で対応したいと思います。それから、返済期間は極力長期間にしていただきたいのですが、

すでにお借りしている融資の返済との調整をしていただきたいと思います。

鈴木　そのためには、今後10年程度を見通した経営改善計画を作成し、キャッシュフローと返済財源を算出して、すべての融資の返済計画を、社長とともに策定しなければなりませんね。本件の4,500万円の融資の返済予定はまだ決まりませんので、従来の融資の返済計画を作成することにしたいと思います。本来ならば、既存融資の返済計画を見ながら、この新規の融資の数値を固めることになると思いますが、当社の足元の業績と資金繰りは、試算表や今後6か月の資金繰り表で、支障はありませんので、本件の4,500万円のご検討に入っていただきたいと思います。

三浦　次回は、鈴木先生と「中小企業等経営強化法における事業分野別指針及び基本方針の概要」に沿った当社の非財務情報と「一般社団法人日本倉庫協会」の「物流倉庫サービスの一例」のシステム物流の評価報告、そして、ローカルベンチマーク・ツール、また、今回申請した4,500万円の融資の資金ニーズ明細などをベースに、皆様と対話を行いたいと思います。その日程は、後日ご連絡をお願いいたします。

安田　了解しました。その対話の時は、私どもの上司の支店長か、課長が同席するようにいたします。では、日程の件は、ご連絡いたしますので、よろしくお願いします。

⑤　卸売業：ABI 融資

　佐藤社長は、3,500万円の仕入資金融資を申し込むために、メイン銀行支店の田村融資担当を、貸出課に訪問することになりました。

佐藤　こんにちは。先日は、当社にいらしていただいた時に、私は留守をしており、申し訳ございませんでした。

田村　実は、佐藤社長の会社にABL融資という新商品をセットしてもら
いたく、その説明に上がったのです。

佐藤　それは、わざわざいらしていただいたのにお話も聞けずに、ごめん
なさいね。そのABL融資とは、当社の流動資産である、売掛金・受取手
形・在庫などを担保にとって、貸出枠を設定する融資のことでしょう。

田村　その通りです。社長の会社は、頻繁に仕入資金を借りられる上に、
返済も遅れずにしてくださるので、この融資は最適であると思いました。

佐藤　その商品については興味はありますが、我々としては、このABL
融資に関して、売掛金・受取手形・在庫について担保設定をし、その上
に定期的にこれらの残高を報告しなければならないということに抵抗を
感じます。それならば、無担保の短期継続融資をお願いしたいですね。
最近の金融庁のガイドラインでは、この短期継続融資の借入枠に対して
金融機関は柔軟に対応してもよいと言われているようですね。

田村　その通りですが、なぜ社長はそんなに、銀行のことを詳しく知って
いるのですか。

佐藤　それは、金融庁のホームページを見ればすぐわかりますし、「知っ
てナットク！」と言う小冊子も読みましたから。

田村　そうですか。よくわかりましたが、今日のご来店は、やはり仕入資
金融資のお申込みですか。

佐藤　その通りです。今回は、3,500万円をお借りしたいのです。いつも
のように、ここに請求書の写しを持って来ました。返済は入金のある3
か月後の翌月にしてもらいたいのですが。

田村　ちょっと待ってください。この請求書の写しでは、今月の支払予定
は、2,500万円になっていますが、なぜ、3,500万円の融資になるのです
か。また入金は3か月後と明記されているのに、返済は4か月後の期日
にされるのですか。

佐藤　実は、1か月前の支払いは私どもの手元資金で行いました。また、
入金予定の1か月後にしたのは、予定が遅くなることに対する安全弁で

184

す。

田村 それは困りましたね。この3,500万円の振込みが、請求書の金額と合わず、また返済も御社への売上入金と異なることは資金使途の証明にはなりませんね。このあたりの点は厳格にお願いしたいのですが……。それから、金利は、担保を入れてもらえない時は、保証協会融資の金利に保証料部分を上乗せした3.0%でお願いしたいのですが……。

佐藤 随分厳しいことを、今回はおっしゃいますね。この融資は仕入資金ですから、もちろん信用扱いですし、金利は、他の金利と同様に2.0%でお願いしたいのですがね。また、資金使途が正しいか否かということは、いつもお出しする請求書のコピーでよいと思いますが……。なぜ、今回に限って、そんなに厳しいことを、また、細かいことをおっしゃるのですか。当社の業績が悪くなっていることもありませんのに……。

田村 実は、3,500万円の融資につきましては、当店の支店長の許容融資枠である裁量枠を超えて、稟議になってしまうのです。稟議になりますと、本部の審査部の審査役・副審査役そして審査部長の承認を取らなければならず、融資のチェックが厳しくなるのです。金額が大きくなると与信管理が厳格になるのですよね。また、本部の審査部のメンバーは、行内では融資のプロと言われ、ルールがあるわけではないのですが、与信管理上、より取引先にとっては厳しい条件を付けられるのです。ということで、今回は、厳しい融資条件でお願いしたいのですが……。

佐藤 それは田村さん、一般の社会では、通らない論理ですね。借入先企業は長い取引実績を重ねて、融資残高が伸びていくわけですから、本部の稟議になるからと言って、融資条件が厳しくなるとは、納得がいきませんね。もしかしたら、それは、本部審査部に対する「忖度」というものではないのですか。特に、借入金利の引上げについては、了解できませんね。金利とは、金融機関自身の外部調達レートにコストと利益を加え、リスクが高いときは、そのリスク率を加えると聞いています。また、他行さんの融資適用金利とのバランスも重視すると言われています。そ

れらの金利の構成要件のどの項目をとっても、今回の金利が1％（保証協会保証料）も他の金利よりも高くなることは、受け入れることはできませんね。むしろ、保証協会の保証の付いた融資の金利は、その保証料分だけ引き下げることが筋ではないですか。本件の金利には該当しませんが、金利構成は以下の図のように私は解釈していますが……。

■☞ 格付け連動型金利の構成要件

適用金利 5%	
リスク率	3.5%
コスト率＋利益率	1.45%
市場金利	0.05%

適用金利 3%	
リスク率	1.5%
コスト率＋利益率	1.45%
市場金利	0.05%

適用金利 2%	
リスク率	0.5%
コスト率＋利益率	1.45%
市場金利	0.05%

《従来の金利》　　　　《正常先の下位》　　　　《要注意先》

また、資金使途に関して、精緻な資料が必要であるならば、当社としてその資料を提出することはできますが、稟議先になることで、あまりにも取引条件で制約事項が多くなるようでは、銀行取引に負担感が増してきますね。資金使途資料の精緻化のために、仕入先や販売先の請求書について分割してもらったり、入金時期の変更をしてもらうことは、かなり負担が増加することになってしまいますね。ところで、仕入借入金額をいくらまで引き下げれば、支店長裁量の範囲内に収まるのですか……。

田村　実は、2,500万円であるならば、支店長の裁量に収まります。1,000万円が裁量枠を超えてしまうということになるのです。

佐藤　そういうことで、3,500万円の融資について、いろいろ、おっしゃっていたのですね。田村さんのおっしゃることは、わかりましたが、その裁量枠に収めるためには、私どもの企業としては、仕入量を少なくするか、他行さんの融資を増加させなければなりませんね。これは、本末転倒と思いますがね。

田村　佐藤社長のおっしゃることは、その通りであると思いますが、私の立場で稟議書を上司に上げるとしたならば、承認までに時間がかかると思いますし、もしかしたら、やはり厳しい条件になってしまうかもしれませんね。とにかく、支店長や課長に相談してみます……。

6　製造業：設備資金融資

　金子社長は、5,000万円の設備資金融資を申し込むために、メイン銀行支店の後藤融資担当を訪問することになりました。

金子　こんにちは。後藤さん、転勤して来られて、どのくらいになりましたか。もう、この支店にお慣れになりましたか。

後藤　そうですね。早いもので、3か月が経ち、やっと慣れました。私も、この店が3か店目ですから、もうフル稼働していなければなりませんが、皆様には、ご迷惑をおかけしていないかまだ心配です。

金子　引継ぎの時以来、私の不在時に、2回いらしていただき、ゆっくりお話もできず、残念ですね。

後藤　そうですね。私も担当先が多いために、約束も取らずに訪問していますので、失礼しました。本来ならば、金子社長のような大きい会社には、ゆっくり時間をかけて訪問し、いろいろ教えていただきたいのですが……。今日は、支店長はじめ上司は、皆、離席をしておりますので、支店長室で、お話ができず、申し訳ございません。

金子 気にしないで結構ですよ。私も、お約束なしで参りましたので。さて、今日は、融資のお願いなのですが、設備資金融資を5,000万円、ご支援いただきたいのですが……。

後藤 では、長期間の融資になると思いますが、具体的には、機械の購入資金でしょうか……。

金子 実は、サブ工程の工場の機能を従来のメイン工場の一部に移すために、増築資金と新たな機械購入資金が必要になり、その融資が5,000万円ということです。

後藤 （稟議ファイルを見ながら）もしも、この5,000万円の融資を担保なしで実行した場合は、本部への稟議をしなければなりません。私としては、御社について至急勉強をして、稟議書を作成しますが、信用の設備融資の稟議が通るか否か心配ですし、その稟議が通ったとしても承認までは、1か月半以上の時間がかかりますね。もしも、お急ぎならば、信用保証協会の保証付きの融資にしていただければ、有難いのですが……。信用保証協会の融資であるならば、支店長の裁量範囲内で、運用できますから、私が稟議書を書いたり、本部の承認を取ることも必要ありませんので、スムーズな対応ができると思います。社長さんの会社は、まだ、信用保証協会の保証上限枠が随分空いておりますので、今回は、保証協会の枠をお使いになってはいかがですか。

金子 後藤さんのお立場でおっしゃることはよくわかりますが、私としては、後藤さんの今のお話は、残念に思います。私どもは、もしも、設備資金を御行から出してもらえない場合は、早急に、サブ工程の工場を売却して、今回の資金調達をしたいと思います。サブ工程の工場は担保に入っていませんから、我々は、その売却資金を新しい設備に使うこともできるのですよ。企業としては、いろいろなリスクを想定して、動いているのです。

後藤 それならば、そのサブ工程の工場を我々に申し込まれた5,000万円の設備資金の担保に入れていただければ、稟議は、早く承認になると思

いますが。

金子 ちょっと待ってください。後藤さんは、長期の融資、設備の融資と言えば、担保のことばかり言い過ぎるように思いますよ。今までのお話を聞いていますと、融資の本質ではなく、銀行の事務手続きのことばかりおっしゃっているように思います。まず、5,000万円の融資が、支店長の裁量範囲内であるとか、稟議書を書いて承認が取れるまで1か月半かかるとか、信用保証協会保証付きの融資ならば支店長の裁量範囲内であるということは、あくまでも金融機関内部の、融資の事務手続きの問題ですね。

　次に、信用の設備融資の稟議が通るか否かとか、信用保証協会の保証上限枠まで空いているということを、機械的におっしゃいますが、私どもの立場としては、信用で融資ができるか吟味してもらいたいのであって、どの担保が便利か否かの相談に来ているわけではないのですよ。ですから、この設備資金の融資が当社にとっていかに売上げ増加や費用削減に役立ち、損益好転によるキャッシュフローがいくら生じ、雇用や地域発展に貢献するかということを、聞いてもらいたかったのです。

後藤 その通りですね。金子社長のおっしゃることはよくわかりました。最近の人材リストラで、融資担当者が一人減り、逆に私の担当先が急増しましたので、何とかお客様にご迷惑をおかけしないで、仕事を回すことばかりを考えて、お客様の立場で考えることが、おろそかになってしまいました。反省します。

金子 後藤さんは、まだ若いからそのように謙虚に物事を考えられ、良いと思いますよ。実は、最近の金融機関の統廃合で、我々企業も心配事が多いのですよ。仮に、2つの銀行の支店長の裁量枠が1億円と7,000万円あった場合は、統廃合で、その裁量枠が合算の1億7,000万円ではなく、1億円か7,000万円に圧縮され、後藤さんの懸念される稟議書の世界に入ってしまうのですよ。金利も返済期間も取引先ではなく銀行の論理に抑え込まれてしまうかもしれないのですよね。そのようなケースを

考えて、当社としては、いつでも稟議書に耐えられるような、情報開示資料の作成をしているのです。

　今回についても、融資申込書に加えて、多くのご参考資料を作ってきました。この5,000万円の設備の支払明細から、将来のキャッシュフロー予測や当社の資産明細表、それらに加えて、融資の期間に当社が赤字にならないということを検証してもらうために、直近の決算書や経営改善計画書、ローカルベンチマーク・ツールも用意しております。足元の財務内容をお知らせするための、試算表、資金繰り表もここにありますし、今回の設備投資の稼働状況をご報告できるように、モニタリング報告書の用紙サンプルまで持ってきました。また、地域の雇用や取引先の状況まで一覧できる、RESAS、経済センサスの資料も持って参りました。今日は、これらの資料を置いて帰りますから、後藤さんも早期に、私どもの5,000万円の設備資金融資を信用扱いでできるか否かなどのご検討をお願いします。さらに、必要な資料がありましたら、私でも財務部長の内田にでもご連絡をお願いします。

後藤　金子社長のおっしゃることはよくわかりました。早期にこれらの資料を見せていただき、社長か内田部長にご連絡をいたしたいと思います。

3 金融機関訪問後の情報交換

高橋 今日は、皆様がそれぞれの金融機関を訪問され、金融機関の担当者といろいろな対話をされ、多くの気付きなどがあったと思いますので、ここで情報交換を行い、皆様の経験を共有したいと思います。

鈴木 私も、三浦君と一緒に金融機関の訪問をしましたが、その金融機関との対話の中で、税理士またコンサルタントとして、勉強になることもありました。では、吉村さんから、金融機関訪問のご感想をお願いします。

1）RESASなどのビッグデータの重要性

吉村 そうですね。私としては、高橋先輩に勉強会で種々お聞きしていたことがあったので、金融機関とのお話も、こちらとしては、ある程度ゆとりをもって、行えたことは良かったと思います。金融庁のホームページに出ている「知ってナットク！」やその「知ってナットク！事例集」については、金融機関はすべて理解して、善処してくれているものと思いましたが、そうではありませんでしたね。あのようなケースは、金融機関の内部ではとても稟議での承認が取れないと思われているようでした。

　そこで、非財務情報の補足説明で持参した、私どもの企業が地域に貢献していることを示す、RESASの人口マップや産業構造マップまた経済センサスのビッグデータとか、「ローカルベンチマーク」や「中小企業等経営強化法における事業分野別指針及び基本方針の概要」が、金融機関の担当者に歓迎されました。実際に、融資を受ける場合は、融資の具体的な金額や期日の説明は当然ですが、それらの参考資料が、金融機関自身が拘束されているESG投資の考え方と共鳴して役立つことがわかりました。

191

三浦　その通りですね。私どもも、郊外の工場団地の情報をRESASなどのビッグデータでお話しして役立ちました。

山田　我々旅館業には、RESASの観光マップの情報は必須であると思いました。

吉村　その通りだと思いますが、私どもは、3,000万円の長期運転資金の返済の妥当性を述べるために、10年間程度の経営改善計画を策定しますが、その売上げや費用について、このような非財務情報が役立つことにも気付かされました。

高橋　確かに、最近では、事業性評価融資で、事業の内容や成長可能性を見るわけですから、過去の決算書の数値ではなく、非財務情報を金融機関も収集しなければなりませんので、このようなローカルベンチマークやRESASのインターネットからの情報が必要になるのですよね。今の金融機関の支店では、一般の事業会社で自由に使えるインターネットやホームページの情報を収集することに制限が掛けられていますので、借り手債務者自身が、RESASなどの情報を提供することが有難いのですよね。

2）　金融機関内部の融資担当者に対する稟議制度のプレッシャー

吉村　金融機関の稟議制度が、支店の担当者に大きなプレッシャーになっていることが、今回よくわかりました。とにかく、話が具体的な内容に進みますと、「我々は稟議制度で、本部の承認を得なければなりませんので、私の一存では、結論的なことは言うことはできません」と言い切られます。

金子　特に、融資担当者が、転勤後時間が経っていない場合や新人の場合は、全く柔軟な融資条件の交渉はできず、ややもすると、融資の事務手続きを我々に押し付けようとすることがありますね。やはり、このような場合は、借り手自身が情報開示資料を作成することが大切であると思いました。

吉村 そうですね。私の場合は、設備資金融資の返済期間は7年、当座貸越解消資金は5年、そしてM&A融資は3年であると、金融機関の内部で決まっていると思い込まれているようで、当社がキャッシュフローで根拠を示した15年の融資返済については、議論にならず、話にも乗ってもらえませんでした。

佐藤 私の場合も、支店長の裁量限度を超えると稟議になるということで、担当者は、何とか支店長の決定範囲内に収めてもらおうとして、取引先にとっては厳しい条件を受けてくださいというお願い的な動きになりました。できるならば、本部のベテラン行員に決定権限のある稟議は、融資担当者としては回避したいようでしたね。金融機関の内部では、稟議になると、その稟議書の起案者である担当者は、自分よりも融資経験や知識の多い上司や本部メンバーの気持ちを「忖度」して、融資金額の引下げや金利の引上げ、また融資期間の短縮など取引先に不利になる、保守的な条件対応に走るようですね。

金子 私の場合も、融資金額が裁量限度を超えると、稟議になるので、支店長の決定範囲内に収めるために、保証協会の保証付きの融資で、処理される動きがありました。保証協会の保証付き融資は、支店長の裁量限度を食わないようですね。私どもの企業は、信用借入れで設備資金の融資を行ってもらうように、情報開示資料を作成して、金融機関に出かけていきましたが、当初は、融資金額や期日またその設備のキャッシュフローには全く興味がなく、まずは、保証協会保証ありきの話が始まりましたね。

高橋 その通りですね。金融機関の支店の融資担当者は、いろいろなルーティンワークや多くの報告書の作成、また、50社を大きく超える取引先の管理をする上に、人材リストラでその仕事は増加しますので、何とか融資の意思決定、すなわち稟議書にかかわる時間は少なくしようとしていますね。この企業が、雇用の増加や地域の貢献に役立っていようとも、なかなかその事実に踏み込むことができず、時間があまりかからな

い保証協会保証や定型ローン、また担保・引当ての厚い融資に走ってしまうのかもしれませんね。しかし、金融機関は、地域活性化、地元中小企業の発展によって、営業基盤は強化されその影響力が広がっていくことですから、事務を早く流すことに注力することは、将来に問題を先送りにすることになりますね。とにかく、金融機関の融資担当者は、もっと取引先企業の内容を知って事業に踏み込んで、資金ニーズを発見して、融資を増やすことが重要なのですよね。

3) 債務者企業は、業界の新情報について、RESASや「中小企業等経営強化法における事業分野別指針及び基本方針の概要」、業界団体の情報により融資担当者に知らせること

中田 そうですよね。私は、金融機関に訪問した時は、当社も建設業として工事の内容が変わってきたことを話しました。従来、本流であった新築個人住宅の注文が少なくなり、リニューアル工事が多くなって、昔のような、工事現場の立替え資金ニーズから、常に発生する経常的な立替え資金ニーズが増加し、2,000万円の短期継続融資をお願いしました。ところが、短期継続融資は、売掛金と在庫から買掛金を差し引いた立替え資金で、卸売業やメーカーに限定されており、御社のような建設業に適用する融資ではないときっぱり言われました。建設会社は、工事に関して、リニューアル用の建設資材を在庫として手元に置いたり、何人かのリニューアル工事の職人を雇い、その研修も行わなければならないと申し上げましたが、なかなか理解してもらえませんでした。

吉村 その通りですよね。私ども飲食業も、フランチャイズやM&Aの資金ニーズについては、なかなか理解してもらえませんでした。

三浦 私どもも、運送業がなぜ、システム物流を手掛け、金がかかるシステムを整備した倉庫を持たなければならないか、そのことを理解してもらうのに時間がかかりました。

山田 私ども旅館業も、現在、インバウンドで外国人旅行者対応のために、

リニューアル投資をしなければならないことについて、融資担当者にわかってもらうのに、随分時間がかかりました。

高橋　そうかもしれませんね。金融機関の支店担当者は、いろいろな業界に属する企業を広く浅く担当していますので、皆様の業界について、あまり情報がありませんね。昔は、各金融機関には、調査部があり、特に大きい金融機関には産業調査部があって、業界ごとの研究をしていましたが、今は、そのような業界研究も手薄になっているようですね。その点、皆様が現在活用されている、「中小企業等経営強化法における事業分野別指針及び基本方針の概要」や業界団体の情報は、金融機関の担当者が稟議書を作成するときに、役に立っているようですね。このように、最近の金融機関の融資担当者は、忙しいせいか、なかなか取引先の情報を持っているとは言えませんね。実際、金融庁の言うように、その担当者が取引先企業に対して、経営コンサルティングが本当にできると思いますか。

4）　金融機関が行う今後のコンサルティング

鈴木　私も認定支援機関として、いろいろな企業に対する経営コンサルティングを行っていますが、忙しい金融機関の融資担当者には、とても、金融庁が金融機関の総合的な監督指針で示しているような、以下の「顧客企業のライフステージ等に応じて提案するソリューション（例）」の実行はできないと思いますね。日本の中小企業の80％は複数行取引であり、金融機関は1つの債権者に過ぎません。それぞれの金融機関からの牽制があると同時に、情報漏洩の問題も厄介ですね。また地域の大企業である金融機関は独占禁止法の拘束を受けるほかに、利益相反行為や非弁行為などの法的契約もあります。私も、コンサルタントとして活動する場合、逆に金融機関から非弁行為の注意を受けましたよ。

■☞「中小・地域金融機関向けの総合的な監督指針 Ⅱ-5-2-1
（「地域密着型金融の推進」関連部分）」

(参考)顧客企業のライフステージ等に応じて提案するソリューション(例)

顧客企業の ライフステージ 等の類型	金融機関が提案する ソリューション	外部専門家・外部機関等との 連携
創業・ 新事業開拓 を目指す 顧客企業	• 技術力・販売力や経営者の資質等を踏まえて新事業の価値を見極める。 • 公的助成制度の紹介やファンドの活用を含め、事業立上げ時の資金需要に対応。	• 公的機関との連携による技術評価、製品化・商品化支援 • 地方公共団体の補助金や制度融資の紹介 • 地域経済活性化支援機構との連携 • 地域活性化ファンド、企業育成ファンドの組成・活用
成長段階に おける 更なる飛躍が 見込まれる 顧客企業	• ビジネスマッチングや技術開発支援により、新たな販路の獲得等を支援。 • 海外進出など新たな事業展開に向けて情報の提供や助言を実施。 • 事業拡大のための資金需要に対応。その際、事業価値を見極める融資手法(不動産担保や個人保証に過度に依存しない融資)も活用。	• 地方公共団体、中小企業関係団体、他の金融機関、業界団体等との連携によるビジネスマッチング • 産学官連携による技術開発支援 • JETRO、JBIC等との連携による海外情報の提供・相談、現地での資金調達手法の紹介等
経営改善が 必要な顧客 企業 (自助努力に より経営改善 が見込まれる 顧客企業 など)	• ビジネスマッチングや技術開発支援により新たな販路の獲得等を支援。 • 貸付けの条件の変更等。 • 新規の信用供与により新たな収益機会の獲得や中長期的な経費削減等が見込まれ、それが債務者の業況や財務等の改善につながることで債務償還能力の向上に資すると判断される場合には、新規の信用を供与。その際、事業価値を見極める融資手法(不動産担保や個人保証に過度に依存しない融資)も活用。 • 上記の方策を含む経営再建計画の策定を支援(顧客企業の理解を得つつ、顧客企業の実態を踏まえて経営再建計画を策定するために必要な資料を金融機関が作成することを含む)。定量的な経営再建計画の策定が困難な場合には、簡素・定性的であっても実効性のある課題解決の方向性を提案。	• 中小企業診断士、税理士、経営指導員等からの助言・提案の活用(第三者の知見の活用) • 他の金融機関、信用保証協会等と連携した返済計画の見直し • 地方公共団体、中小企業関係団体、他の金融機関、業界団体等との連携によるビジネスマッチング • 産学官連携による技術開発支援

事業再生や業種転換が必要な顧客企業（抜本的な事業再生や業種転換により経営の改善が見込まれる顧客企業など）	・貸付けの条件の変更等を行うほか、金融機関の取引地位や取引状況等に応じ、DES・DDSやDIPファイナンスの活用、債権放棄も検討。 ・上記の方策を含む経営再建計画の策定を支援。	・地域経済活性化支援機構、東日本大震災事業者再生支援機構、中小企業再生支援協議会等との連携による事業再生方策の策定 ・事業再生ファンドの組成・活用
事業の持続可能性が見込まれない顧客企業（事業の存続がいたずらに長引くことで、却って、経営者の生活再建や当該顧客企業の取引先の事業等に悪影響が見込まれる先など）	・貸付けの条件の変更等の申込みに対しては、機械的にこれに応ずるのではなく、事業継続に向けた経営者の意欲、経営者の生活再建、当該顧客企業の取引先等への影響、金融機関の取引地位や取引状況、財務の健全性確保の観点等を総合的に勘案し、慎重かつ十分な検討を行う。 ・その上で、債務整理等を前提とした顧客企業の再起に向けた適切な助言や顧客企業が自主廃業を選択する場合の取引先対応等を含めた円滑な処理等への協力を含め、顧客企業自身や関係者にとって真に望ましいソリューションを適切に実施。 ・その際、顧客企業の納得性を高めるための十分な説明に努める。	・慎重かつ十分な検討と顧客企業の納得性を高めるための十分な説明を行った上で、税理士、弁護士、サービサー等との連携により顧客企業の債務整理を前提とした再起に向けた方策を検討
事業承継が必要な顧客企業	・後継者の有無や事業継続に関する経営者の意向等を踏まえつつ、M&Aのマッチング支援、相続対策支援等を実施。 ・MBOやEBO等を実施する際の株式買取資金などの事業承継時の資金需要に対応。	・M&A支援会社等の活用 ・税理士等を活用した自社株評価・相続税試算 ・信託業者、行政書士、弁護士を活用した遺言信託の設定

（注1）この図表の例示に当てはまらない対応が必要となる場合もある。例えば、金融機関が適切な融資等を実行するために必要な信頼関係の構築が困難な顧客企業（金融機関からの真摯な働きかけにもかかわらず財務内容の正確な開示に向けた誠実な対応が見られない顧客企業、反社会的勢力との関係が疑われる顧客企業など）の場合は、金融機関の財務の健全性や業務の適切な運営の確保の観点を念頭に置きつつ、債権保全の必要性を検討するとともに、必要に応じて、税理士や弁護士と連携しながら、適切かつ速やかな対応を実施することも考えられる。

（注2）上記の図表のうち「事業再生や業種転換が必要な顧客企業」に対してコンサルティングを行う場合には、中小企業の再生支援のために、以下のような税制特例措置が講じられたことにより、提供できるソリューションの幅が広がっていることに留意する必要がある。
・企業再生税制による再生の円滑化を図るための特例（事業再生ファンドを通じた債権放棄への企業再生税制の適用）
・合理的な再生計画に基づく、保証人となっている経営者による私財提供に係る譲渡所得の非課税措置

高橋 私は、私見としては、債務者企業が必ず、金融機関の意見を聞かなければならない項目に対して、金融機関担当者は、この項目について、深掘りをしたコンサルティングを実施することが大切だと思います。それは、以下の図における資金調達条件の「貸出形式、金額、利率、貸出期間、使途、返済方法、担保」の７つの項目であり、22ページの稟議書のサンプルの上２段の内容のことです。すなわち、貸出形式は、金融機関の融資の勘定科目である「手形貸出、証書貸出」などであり、金額、利率、貸出期間の３項目は、支店長裁量や審査部長権限に直接関係する項目です。また、使途、返済方法、担保についても、金融機関の承諾がなければ、借り手企業としては、決定することはできません。金融機関の担当者は、この７つのすべての項目を債務者企業から聞かれ、相談される項目です。そして、この項目は、資金ニーズを深掘りすることによって、その項目の相互連関性は明確になるものです。すでに我々が勉強会で検討してきた「資金ニーズの見つけ方」にかかわることです。実は、こ

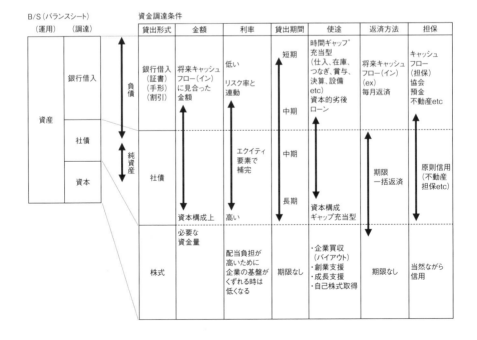

の７つの項目についてのコンサルティングは、金融機関の融資担当者にしかできないことなのです。一般の経営コンサルは、決算書や経営改善計画またローカルベンチマーク・ツールなどについては、かかわることはできますが、この７項目は金融機関担当者の領域と言えるものです。

　また、前ページの図の資金調達条件の「貸出形式、金額、利率、貸出期間、使途、返済方法、担保」の項目を検討することになり、銀行借入れ、社債、資本の健全性も把握できることになるのです。これは、デット・ファイナンス、メザニン・ファイナンス、エクイティ・ファイナンスをする金融機関や投資家が資金提供する時の検討する項目になるのです。もちろん、金融機関の中で取引先について、多くの売上げ・費用などの損益情報や財務情報、収支情報また、企業の組織におけるポストやメンバー情報まで把握している例外的な人材は、経営コンサルティングはできるかもしれません。しかし、一般的な融資担当者にはとても難しいことであり、資金調達情報の７項目の深掘情報が、実現可能なコンサルティングであると思われます。皆様が、各金融機関に訪問して対話をされてきましたが、この７項目については、各融資担当者は必ず、融資申込者と合意を取らなければならないのです。この項目のコンサルティングこそ、金融機関の担当者の助言・相談項目であり、各企業へのコンサルタントの必須項目に当たると思います。

佐藤　そうですね。私も金融機関に訪問し、融資担当者と対話をしてきましたが、ABL融資、短期継続融資も仕入資金融資などの資金ニーズや借入れニーズについても、常にこの７項目は、金融機関の融資担当者に教えてもらいたいと思っていた項目ですね。

金子　私も設備資金について融資をしてもらえるか聞きましたが、具体的には、資金ニーズ・借入れニーズに関するこの７項目を聞きたかったわけだったのですね。経営コンサルや、損益情報・財務内容・収支情報も、見方を変えれば、この７項目のサブ情報とも言えますね。したがって、我々が学んできた、「資金ニーズの見つけ方」は、少しでも疑問があった

場合は、金融機関に真正面から聞くべき情報であるということですね

吉村　そうですね。私どもは、金融機関に対して、3,000万円の融資を申し込むにあたり、そのもとになる3本の融資について、1,500万円の設備資金は、法定耐用年数が15年でありながら7年に短縮され、800万円の融資は、根拠もないのに5年間で返済することになり、700万円の融資は、M&Aということで3年間の返済で様子を見ることになりました。それぞれ3本の融資を受ける時に、キャッシュフローと返済期日について、深く検討していれば、今度の3,000万円の融資についても、もっと突っ込んだ対話ができていたということになるのですね。

5）　ESG投資基準は金融機関の非財務情報の目線になるか?!

山田　資金調達情報の7項目の深掘情報が金融機関のコンサルティング情報になることは同感ですね。実際、金融機関に6,000万円の融資申込みをするに当たり、県内の人口動態や得意先企業の動きについて調査して、当社は保守的な見通しにて経営改善計画を策定しました。そこから、キャッシュフローを算出して、返済計画を作成するつもりでした。RESASの人口マップ・産業構造マップ・まちづくりマップのほか、経済センサスの統計表一覧（e-Stat）などにより、地域の情報を集めて、できるだけ確度の高い予測値を作成して提出するつもりでした。また、地域貢献の見地から、雇用増加や地域の農林水産業者からの仕入れ増加を考えて、金融機関の地域戦略や行政機関の戦略とも、呼応していると思いました。これらの情報から、金融機関と対話を行い、資金調達情報の7項目を決めたいと思っています。このことは金融機関にも賛同されると思われます。

　また、地域金融機関は上場会社ですから、「コーポレートガバナンス・コード」や「スチュワードシップ・コード」またそれに絡めた「ESG投資」というガイドラインに沿って、金融機関自身の運営を行うべきであると考えていると思われます。今までは、融資の決定については、融資

担当者がボトムアップ形式で下から上に稟議書を上げ、本部メンバーが意思決定を行っていましたものの、それでは現場から離れていますから、ESG投資の精神はあまり反映していなかったと思われます。今後は、トップダウン形式にてESG投資の精神を金融機関全体に浸透させ、本部にいる融資部長等にもトップや役員などから伝えることになると思われます。今までの定量分析・スコアリング審査における上位点数取得者ならば融資承認を下してもよいとトップから言われていたことが、これからは、非財務情報の融資基準にも及び、トップ・役員のESG投資の目線で融資承認が下されるようになると思われます。

高橋　山田さんのご意見は、まだ、金融機関内部において早過ぎるかもしれません。金融機関全体では、「コーポレートガバナンス・コード」や「スチュワードシップ・コード」が、未だに一般化していないことと同様だからです。しかし、金融検査マニュアルが廃止されることが決まった以上、地域金融機関は何かの拠り所を求めるようです。金融検査マニュアルが誕生する前は、金融機関は税法を拠り所にしていましたが、今後は、すでに多くの上場会社の間で、定着している「コーポレートガバナンス・コード」「スチュワードシップ・コード」が拠り所になるはずです。そして、両コードの中に浸透しているESG投資の精神がポイントになると思われます。

　今まで、総論賛成であるものの、各論で定着しなかった「金融検査マニュアル別冊（中小企業融資編）」「知ってナットク！」は非財務情報であり、ESG投資の精神と重なっていることから、地域金融機関のトップは、このESG投資の精神を刷り込むことになると思われます。事業性評価融資の「事業の内容と成長可能性」という、未来基準においても、ESG投資の精神は重なっています。この内容を、図示しますと以下のようになると思われます。

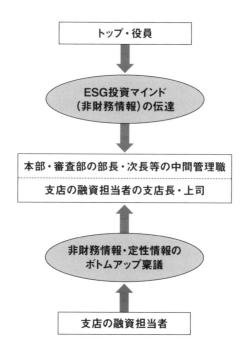

吉村　高橋先輩が今後の地域金融機関の融資目線は、ESG投資の精神と言われましたが、私が金融機関と融資交渉をするに当たりまして、「事業性評価融資」、ローカルベンチマーク、RESASの新施策が影響していると思いました。金融円滑化法の直後から始まりました返済猶予先に対して、地域金融機関にはばらつきはあるものの、総じて地域経済支援の観点で支えてきました。地域金融機関の融資支援力で、再生できた企業は私の同業者にもかなりあります。「知ってナットク！事例集」の事例11や13は、それに該当するかもしれませんね。

中田　建設業界においても、工事現場の入金が遅くなろうと、地域金融機関が返済を猶予してくれて、生き延びている企業はかなりあります。金融検査マニュアルの金融円滑化編でも、複数の取引金融機関が支援方針ならば、単独行で回収方針に入るべきではないという条項がありますね。この条項によって、RESASで地域の建設業を俯瞰した時に、地域金融

機関が地域のためにその企業を支援するべきであると決める一つのキッカケになったものと思われます。これは、ESG投資のS（社会面）の考え方であると思います。

三浦　運輸業における当社も、前々期に赤字を出したものの、新規事業のシステム物流に沿った倉庫の建設などにも、地域金融機関の支援を受けています。郊外の工場団地へ進出する企業の利便性を支援することだけで、地域貢献の考え方がなければ、当社への支援も、打ち切られた可能性がありますね。確かに、地域金融機関の当社に対する内部管理体制の締め付けは大きいものがありましたが、これも、ESG投資の精神があったから、すなわち、S（社会面）、G（内部管理面）の精神で支えられたのでしょうね。

6）　資金ニーズの見つけ方こそ金融機関との対話の原点

鈴木　ほぼ全員が、金融機関を個別に訪問した時の感想や気付きの点を述べられました。皆様が、この一連の勉強会で学ばれた「資金ニーズの見つけ方」という観点は身につきましたか。当初、「資金ニーズの見つけ方」など当然のことと思われていた方は多かったと思いますが、実際に、金融機関を回ってみて、金融機関の担当者との対話は、「企業の過去の実績」や、「現況のすり合わせ」、「将来のスタンス合わせ」、などではなく、この「資金ニーズの見つけ方」による対話、すなわち、資金調達条件の「貸出形式、金額、利率、貸出期間、使途、返済方法、担保」の7つの項目の対話であったかもしれませんでしたね。

命子　私も実際に金融機関を回りまして、この勉強会の効果を感じました。金融機関の担当者の次の一手が読めるようになりました。また、金融機関の担当者には、情報開示資料を届けることが、最も有難がられるということもわかりました。

佐藤　そうですね。そのほかに、私は、金融機関は大企業であり、その意思決定はボトムアップであり、我々中小企業は、トップダウンであるこ

とが納得できました。そのボトムアップの最も下位にいる融資担当者が、稟議書の起案者であり、大企業内部における私ども中小企業の代理人役であることもわかりました。

山田　私は、地域の集まりで支店長といろいろ意見交換しましたが、融資に関する案件は、組織の下位にあたる融資担当者の文章力で決まり、または、私どもの融資担当者への情報開示資料の提出状況で決定することがわかりました。

三浦　もう一つ、今日の会議で出された、資金調達条件の「貸出形式、金額、利率、貸出期間、使途、返済方法、担保」の７つの項目については、借入れニーズを実現する最も重要な要因であり、金融機関の了承がなければ進まない項目であることなど、目から鱗の印象を受けました。金融機関の融資担当者とも、この点に関しては話も弾みますし、良き助言や相談も受けられるような気がしました。

中田　そのほかに、やはり最近のAIやビッグデータの恩恵は大きいと思いました。非財務情報の重要性は、ESG投資の精神でよく理解できましたが、この内容を、ローカルベンチマークやRESAS、経済センサス、また、「中小企業等経営強化法における事業分野別指針及び基本方針の概要」や「まち・ひと・しごと創生総合戦略」に具現化されていることに感動しました。

吉村　私も、今回の勉強会に呼んでいただき、とても感謝しております。今までは金融機関は伏魔殿であり、その内部は永久にわからないものと思っていましたが、今回の勉強会と、金融機関への実際の訪問、またその後の情報交換で、金融機関は私どもの仲間であり、大きな支援者であることがわかりました。これから、金融機関も、フィンテックが導入され、大きく変貌しますが、金融機関の融資担当者には、我々経営者や支援者である税理士などの専門家に、企業の情報開示資料の作成を委ね、企業分析も任せてもらいたいと思います。一方、融資担当者や本部の審査部のメンバーの方々は、地域における金融機関と企業の関係を突き詰

204

め、ESG投資の精神を具現化することに注力されることを期待したいですね。中小企業と税理士などの専門家と金融機関の三者連携の大切さも良くわかりました。本当に、高橋先輩、どうもありがとうございました。

高橋　鈴木君はじめ、皆様の総括をお聞きするに、私の金融機関での経験や身につけた知識・常識が皆様の経営に少しでも効果があったようで嬉しく思います。今後はこの勉強会で学んだことを「新 銀行交渉術」として円滑な金融機関との関係作りに役立てていただきたいと思います。そして、企業の発展、地域の活性化に貢献できることを期待しています。

おわりに

　通読していただき、どうも有り難うございました。「Ⅲ　金融機関との交渉・対話」まで読んでいただき、多くの金融機関の方々は、こんなに突っ込んで来る中小企業の経営者はいないと思われるでしょうし、中小企業の経営者の皆様は、ここまで金融機関の担当者に言い込んでよいものかと心配になるでしょう。一方、税理士などの専門家は、自分たちの本業を乗り越えて、情報開示の資料作成支援を行うことに疑問を持つかもしれません。

　しかし、現在は、AI化・IT化が進み、少子高齢化と都市・地方の格差が顕在化しており、自分たちの保守的な手法に固執している金融機関は「捨てられる銀行」と言われ、正しい税務・財務に執着し経営アドバイスをしない税理士は「捨てられる税理士」と言われる時代になったのです。中小企業の経営者も、ホームページ・メール・フェイスブックのインフラがあるにもかかわらず、自分の会社の情報開示もできないならば、やはり「捨てられる経営者」になるかもしれません。

　このアゲンストの流れを喰い止めるには、中小企業は、金融機関から融資を受け、自社の思いをできるだけ早期に実現することです。金融機関も、地域の発展を行政機関とともに検討し、企業融資を増加しながら、雇用を増やしてもらうことです。税理士などは、情報開示資料作成の支援や地域の賢人としての経営アドバイスを行うことです。

　そのためには、金融検査マニュアルやスコアリングをベースにした従来の企業審査から、ローカルベンチマークの非財務情報や「知ってナットク！」またESG投資情報をベースにした事業審査にウェイトを置くことが大切です。「資金ニーズの見つけ方や対話」を通して、事業の強みを浮き彫りにして将来のキャッシュフローを見通しながら、事業性評価融資の推進を図るべきです。

　本書では、8つの資金ニーズと6つの主要業種を切り口にした脚本調の問答によって、「資金ニーズの見つけ方や対話」を展開してきましたが、ご紹介した融資手法は新手法ではなく、今までの融資手法の延長線上にある手法を出発点にしたものです。本書をより深く理解するためには金融情

報・知識を理論的に俯瞰していただくのがベストですが、そのための教材として『財務金融アドバイザー通信講座』を受講されることをお勧めしています。この講座は、常に私どもが内容をリニューアルしており、金融情報・知識・行政施策をすべて網羅しています。また、テキスト内容の簡単なテストの修了にて、修了証を交付しています。この修了証が「捨てられる銀行」「捨てられる税理士」批判への抗弁にもなっています。修了後も、継続会員の方や修了者の皆様に、タイムリーな金融情報の提供、講演会へのご招待、種々の支援策などを準備しています。

財務金融アドバイザー講座申込方法
受講をご希望の方は下記ホームページにアクセスし、必要事項をご記入の上お申込みください。

URL http://www.shikin-c.com/
一般社団法人 資金調達支援センター

〈お申込みは毎月末日に受付を締め切り、翌月10日に開講となります。〉
※お申込みは、ホームページからのみ受付けております。

　また、本文内に記載した、経済産業省や金融庁、中小企業庁などの各ホームページやビッグデータの利用法、今後必須の「事業性評価融資」についての習得には、ビジネス教育出版社刊の3冊『ローカルベンチマーク』『事業性評価融資』『事業性評価・ローカルベンチマーク活用事例集』のご一読を勧奨しています。本書に不足する体系的・理論的な金融情報・知識・行政施策をお求めの方は、ぜひご参考にしてください。
　これからは、金融機関の人材リストラとフィンテック導入後の銀行取引は、借り手企業のセルフリービスが中心になります。円滑な資金調達のためには、企業自身と税理士などの自助努力と、金融機関融資担当者の的確な顧客アドバイスが欠かせなくなります。本書が、その自助努力と有効な助言のスタート台になり、金融機関と中小企業経営者の潤滑油になると同時に、融資残高増加と地域活性化の起爆剤になることを願っております。

中村　中

〈著者プロフィール〉

中村　中（なかむら　なか）

資金調達コンサルタント・中小企業診断士

1950年生まれ。

三菱銀行（現三菱UFJ銀行）入社後、本部融資部・営業本部・支店部、岩本町・東長崎各支店長、福岡副支店長等を歴任、関連会社取締役。

2001年、㈱ファインビット設立。同社代表取締役社長。週刊「東洋経済」の選んだ「著名コンサルタント15人」の1人。中小企業金融に関する講演多数。

橋本総業㈱監査役、一般社団法人資金調達支援センター副理事長、㈱マネジメントパートナーズ顧問

著書『事業性評価・ローカルベンチマーク 活用事例集』『事業性評価融資−最強の貸出増強策』『ローカルベンチマーク〜地域金融機関に求められる連携と対話』『金融機関・会計事務所のためのSWOT分析徹底活用法―事業性評価・経営改善計画への第一歩』（ビジネス教育出版社）、『中小企業再生への経営改善計画』『中小企業再生への改善計画・銀行交渉術』『中小企業再生への認定支援機関の活動マニュアル』『中小企業再生への金融機関本部との連携・交渉術』（ぎょうせい）、『中小企業経営者のための銀行交渉術』『中小企業経営者のための格付けアップ作戦』『中小企業金融円滑化法対応新資金調達術』『経営改善計画の合意と実践の第一歩「バンクミーティング」事例集』など（TKC出版）、『融資円滑説明術』など（銀行研修社）、『信用を落とさずに返済猶予を勝ち取る法』など（ダイヤモンド社）、『銀行交渉のための「リレバン」の理解』など（中央経済社）、『中小企業融資支援のためのコンサルティングのすべて』（金融ブックス）他

新 銀行交渉術 −資金ニーズの見つけ方と対話

2018年 5月10日　初版第1刷発行

著　者　　中村　　中

発行者　　酒井　敬男

発行所　株式会社　ビジネス教育出版社

〒102-0074　東京都千代田区九段南4-7-13
TEL 03(3221)5361(代表)／FAX 03(3222)7878
E-mail▶info@bks.co.jp URL▶https://www.bks.co.jp

印刷・製本／シナノ印刷㈱　　装丁・本文デザイン・DTP／㈲エルグ
落丁・乱丁はお取り替えします。

ISBN978-4-8283-0713-8　C2034

本書のコピー、スキャン、デジタル化等の無断複写は、著作権法上での例外を除き禁じられています。購入者以外の第三者による本書のいかなる電子複製も一切認められておりません。